多様性の受け皿としての都市機能の分析

－帰属意識の観点からの考察－

佐藤　泰裕

三菱経済研究所

謝辞

　本書は，著者がこれまでに行ってきた移民の社会的統合に関する研究の内容をまとめたものです．元となる論文の共著者である Yves Zenou 教授，岡本千草助教，松山博幸氏には，日頃より一緒に研究していただいている点に感謝を申し上げます．

　また，本書を執筆する上で，多くのお力添えをいただきました．まず，本書を執筆する機会をくださった東京大学の松島斉教授，そして，公益財団法人三菱経済研究所の皆様に感謝を申し上げます．特に，杉浦純一常務理事には原稿を丁寧にお読みいただき，多くの貴重なコメントをいただきました．そのおかげで，本書を大幅に改善することができました．最後に，本書の分析は，日本学術振興会科学研究費（22H00836）の支援を得たものです．記して謝意を表します．もちろん，本書に残る誤りは全て著者に帰するものです．

2024 年 1 月 9 日

佐藤泰裕

目　　次

第 1 章　はじめに

　新型コロナウイルス感染症の蔓延により，一時停滞していたものの，近年の日本の人口動態の特徴の一つが，外国人人口の増加であった．実際，過去四半世紀の日本の総人口と外国人数の変化を比べてみると，図 1–1 のように，総人口が停滞し，減少に転じたのに対して，外国人数は右肩上がりに増えてきた．

　特に，2015 年から 20 年にかけての増加は急で，この 5 年間で 50 万人以上増えている．こうした増加により，1995 年には総人口に占める外国人割合は約 1％だったのに対し，2020 年には約 2％に上昇した[1]．

図 1–1　日本の総人口と外国人数

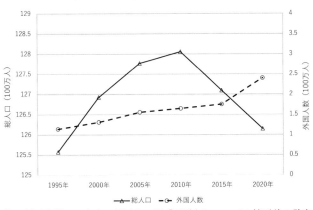

注：外国人数は日本人・外国人の別「不詳」についての補正前の数字
出所：総務省「国勢調査」

---

[1] 国勢調査の外国人数は在留外国人統計の数字の約 8 割程度といわれており，在留外国人統計の外国人数を使うと総人口に占める外国人シェアは若干高く，2.3％になる．

こうした外国人の流入という現象にはアメリカやヨーロッパが日本よりもはるか以前から直面し，その規模も大きい．例えば，アメリカン・コミュニティー・サーベイによると，2017 年の米国の総人口の約 14％が外国生まれのいわゆる移民である．

　移民の増加は流入先の国で様々な議論を喚起した．その中で，移民は流入先の賃金引下げにつながる，雇用を奪う，といった否定的な意見から，流入先に多様性をもたらすといった肯定的な意見まで，多種多様な意見がみられ，それらに対する研究も行われてきた．移民の社会的統合もそうした議論の重要な論点であった．ここで，社会的統合とは，異なる文化や背景を持つ人々，特に，民族や人種といった点で少数派に属する人々が多数派の人々と社会的に融和して共生することを指す．社会的統合のために，どのような要素が重要になるのか，また，それを促進するためにどのような政策をとればよいのか．こうした問いに答えるためには，そのメカニズムを理解する必要がある．本書では，Akerlof and Kranton [4][5] のアイデンティティ経済学の考えを援用し，多様な人々の社会的統合のメカニズムを考察することを目指す．アイデンティティ経済学では，人々の帰属意識やアイデンティティを意思決定の対象と考える．移民との関係で述べれば，移民は社会の少数派で，社会生活を送るに際し，ネイティブの社会への帰属意識を持って流入先のコミュニティに積極的に溶け込もうとするか，それとも，移民の社会への帰属意識を持って移民のコミュニティに閉じこもるかを自身で決めている，と考えるのである．

　また，その際に都市との関係に注目する．というのも，移民は流入先の国の中にまんべんなく散らばっているわけではない．例えばアメリカでは移民の分布は偏っていることが知られている．Singer[42] によると，伝統的に米国の移民はゲートウェイシティーと呼ばれる一部の大都市に集中している．第二次世界大戦後にはロサンゼルスやマイアミ，直近 20 年ではアトランタやダラス，ワシントン DC に移民が集

中した．その結果，例えばロサンゼルスの総人口に占める移民の割合は 2000 年には 40％に達している．このゲートウェイシティーとは，移民が最初に落ち着き，そこから国全体に散らばることから，最初の入口になる場所，という意味である．その後の全国への散らばりが必ずしも観察されず，移民が最初に落ち着いた都市から離れないことも多いため，「ゲートウェイ」と呼ぶべきでないという意見もあるが，移民が一部の大都市に集中していることは間違いない．

　日本でも同様の傾向が観察される．図 1–2 は，2020 年の国勢調査の総人口に占める外国人割合を，東京都，大阪府，愛知県のいわゆる三大都市圏と人口 50 万人以上の市区について求め，全国平均と比較したものである．

　図 1–2 より，全国平均では外国人割合は 1.9％であるが，東京都では3.4％，大阪府では 2.3％，愛知県では 3.0％，また，人口 50 万人以上の市区でも 2.6％と全国平均よりも高くなっている．このように，日本

図 1–2　2020 年の総人口に占める外国人割合

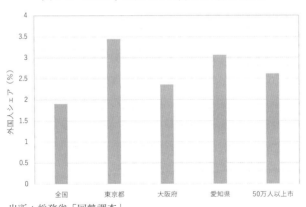

出所：総務省「国勢調査」

においても，外国人は大都市に集中しているのである[2].

　このように局所的に外国人数が急増すると，その地域の経済に大きな影響を及ぼす可能性がある．特に，人口集中は意図しないメリット（外部経済）である集積の経済をもたらすことが知られており，都市経済学という研究領域で都市化の源泉として注目されてきた．集積の経済の原因は様々なものがありうるが，その重要なものの一つが人々の交流から生じる知識伝播やイノベーションである．シリコンバレーに代表される IT 産業の集積地では，人々が日々議論を通じて新しいアイデアを交換し，そこからさらに新しいアイデアが生み出されている．移民が流入先の地域の人々と交わらず，自分達のコミュニティに閉じこもれば，こうした交流は阻害され，集積の経済の恩恵を享受しにくくなる．一方で，地域のコミュニティと交流することができれば，集積の経済の恩恵を十分の享受できるようになる．こうして，集積の経済の有無は，社会的統合の便益を大きく左右することになる．さらに，都市の土地利用のあり方は，そこで暮らす際の生活費を左右し，これも社会的統合の便益を左右する．都市のあり方と，社会的統合の問題とは深くかかわる可能性があるのである．そこで，本書では，こうした都市の要素と社会的統合に関わる意思決定との相互関係を明示的に考慮した分析を試みる．

　以上のように，本書は，社会的統合を，帰属意識やアイデンティティの観点から都市との関係で考察することで，多様な人々が暮らす大都市での共生のあり方を探ることを目的としている．また，こうした考察を通じて，ゲートウェイシティやエスニックタウンといった移民の集中した地域の存立を深く理解し，ありうべき政策の方向性を探るための知見を提供したい．

---

2 群馬県大泉町のように，大都市でなくとも企業の積極的な誘致によりブラジルやペルーの日系人を数多く受け入れた結果，多くの外国人が暮らすようになった地域もあるが，全体としてみると，外国人はいわゆる大都市に集中している．

第2章　分析のための準備

　本書の目的は，都市と多様な人々の社会的統合との関係を考察することである．そのため，本章では，そこで注目する都市の要素を，そして，社会的統合を考えるうえで必要な要素を，分析のための準備として順次説明する．

　まず，多様な人々が都市に暮らす中で，否応なく関係するであろう都市の要素としては，次の二つを想定する．一つは，都市に人々が引き付けられる原因となる，集積の経済である．次に，都市に引き付けられた人々が暮らす住宅市場である．多様な人々が都市でどのようにお互いを受け入れる意思決定を行うのかを考えるうえで，都市に暮らすメリットとデメリットをきちんと考慮し，それとお互いを受け入れることがどう関係し得るかを議論していく．そのメリットとして集積の経済を，デメリットとして住宅地の拡大と通勤の必要性を念頭に置くのである．集積の経済は，人々が空間的に集まることで生じる外部経済（意図せざるメリット）の総称で，その源泉は様々なものが考えられる．住宅地の様子は，都市経済学で伝統的に用いられてきた単一中心都市モデルを用いて描写する．このモデルを基礎に，集積の経済や社会的統合についての意思決定を導入するため，モデルの構造をある程度詳しく記述しておく．そして，社会的統合を考察するうえでは，アイデンティティや帰属意識についての意思決定に注目する．人々が社会的に統合されるかどうかは，様々な要因に影響されるが，まずは当事者がそうした意識を持つかどうかにかかっている．こうした意識の問題を少しでも取り込もうという動きが経済学にもあり，その文脈

6

の知見を援用して分析を行うため，概略を説明する．

2.1 集積の経済

2.1.1 都市を生み出す力

　人や企業が地理的に集まると地代や地価が高くなったり，交通渋滞が発生したりと，様々な不便が生じそうである．それにもかかわらず，なぜ人々は都市に集まり住むのであろうか．特定の産業やそこで働く人が集中する要因として，古くから考えられてきたのは以下のような要因である．

　まず、比較優位である。これは，様々な財やサービスの相対的な生産費用が地域ごとに異なることから発生する．相対的な生産費用が地域によって異なる場合，それが低い産業の生産割合を増やし（その産業に特化し），他の地域と交易することにより経済厚生を引き上げることが可能になる．生産費用の違いは，移動不可能な生産要素や制度的要因技術などにより決まる．鉱山や炭鉱などがある地域では，他の地域に比べて，他の産業の生産費用に比べた鉱業の生産費用が低くなる．港に代表される交通の要衝では工業などの輸送費が低くなる．こうして相対的な生産費用が低くなると，その産業に特化する傾向が生じ，関連する企業が集中することになる．

　規模の経済性も重要な要因である．一つの企業の生産規模が大きくなるほど，単位当たり生産費用が低くなる場合，規模の経済が存在するという．大きな工場を建てるなどの固定費用がある場合，製品を生産するのに，生産量に依存しない固定費用と，生産量に依存する可変費用の両方が必要になる．生産量を増加させても固定費用は変わらないため，固定費用，可変費用の双方を含んで考えた平均費用は，生産量が増えるほど低くなる傾向がある．特に製造業においてはこの傾向

が顕著であり，企業城下町などを生み出す．

　市場に任せておいては供給されない公共財も人や企業の集中を促す要因となる．中央政府や地方政府は性質の異なる公共財を供給しているため，経済主体は必要な公共財が供給されている地域へ集まることになる．

　集積の経済は，上に説明した 3 つの要因以外で，様々な経済主体が空間的に集中することにより発生する外部経済の総称である．この外部経済は，技術的外部経済，金銭的外部経済の両方を含み，性質により地域特化の経済と都市化の経済に分類される．

　地域特化の経済とは，同一産業内にある企業が特定地域に集中して立地することから発生するメリットのことである．企業の集中は，個々の企業がコントロールできることではないため，これは企業レベルで見ると外部経済であるが，産業レベルから見ると内部経済とみなせる．

　他方，都市化の経済は，様々な産業が特定地域に集中して立地することから発生するメリットの総称である．企業レベル，産業レベルでみると外部経済だが，都市レベルでみると内部経済と考えられ，東京や大阪のように様々な産業が集中している都市を理解するためにはこの都市化の経済が重要であると考えられる．産業をまたぐアウトソーシングや取引，情報交換，労働力の確保，中間投入財の調達などについて都市化の経済性が発生しやすい．また，大都市において，消費者は様々な財やサービスを消費でき，こうした多様な消費の可能性も集積の経済の要因となる．このように，性質としては似ているが，その効果が及ぶ範囲によって地域特化の経済と都市化の経済とを区別するのである．

2.1.2 集積の経済の源泉

集積の経済を引き起こすと考えられる要因には次のようなものがある[3]. まず, 経済は常に供給, 需要の両面でショックにさらされているが, 大都市では, 各企業にとってショックの影響が平滑化される. 大都市では企業は多数の相手と取引できるため, あるショックが特定の取引相手を悪化させても, そのショックが別の取引相手には伝わらない場合もあり, また, 時には別の取引相手の状態を良くすることすらある. その結果, 多くの相手との取引から得られる収益の平均は, ほぼその期待値に一致し, 予想外に収益の平均が変化することが少なくなる. このことは雇用調整費用や在庫費用を減らし, 企業活動をスムーズにする.

次に, 様々な企業の集積は様々な熟練を持った労働者をひきつけ, また, そうした熟練労働者の存在はその熟練を必要とする企業を引き付ける. その結果, 集積は企業の技術と労働者の熟練とのミスマッチを減らし, 産業レベルや都市レベルで適材適所を促すことになる. これは, 特に, 専門化が著しい職業についてあてはまる. 専門化が進むと, カバーする範囲が狭くなり, その代わり, 自分の専門とする領域では非常に高い生産性を発揮できるようになる. このような職業に従事する場合, 労働者は求人が少ない場所では自分の専門領域の仕事に就けるとは限らず, また, 企業は労働者の少ない場所ではそうした専門的熟練を持った労働者を見つけることは難しい. ところが, 労働者, 企業ともに多い場所では相互に望んだ相手を見つけられるようになり, 高い生産性を実現することができるのである. これと関連して, 様々な熟練を持った労働者や企業間の交流から生まれる情報の浸透や技術革新も重要である.

企業間取引も集積の経済の要因となる. 取引活動そのものが外部性

---

[3] より詳細な説明は, 例えば Duranton and Puga [20] を参照されたい.

もしくは規模の経済を持つ場合が多く，企業の集中が企業間取引費用を減らす効果を持つ．情報通信技術が発達した今日においても，直接会って取引を行うことの重要性は薄れておらず，やり取りできる情報量も直接会うことに勝る方法は存在しない．そのため，頻繁に取引する企業の側に隣接することで簡単に直接会って取引を行うことができ，取引費用を大きく節約することができる．この取引費用節約効果が，取引相手が集中している地域へ立地する大きな誘因となり，企業の集積を拡大させるのである．

　最後に，財やサービスに多様性があることも，集積の経済を生み出す原動力となる．潜在的に利用可能な財・サービスの種類が多いということは，その中で最善のものを選んで，よりよい状態を達成できる可能性が高いことを意味する．消費面では，最終消費財の種類が多様なことは，同じ名目可処分所得に対してより高い効用が達成できることを意味し，生産面では，中間投入財の種類が多様なことは，同じ費用のもとでより高い生産性を達成できることを意味する．いずれも，労働者や企業を特定地域に集積させる要因となる．

　これらの要因が集積の経済を生じさせることについてはミクロ経済学的な基礎づけが行われている．集積の経済をとりこんだ分析を行う場合，そのミクロ経済学的基礎から出発するやり方もあるが，集積の経済の源泉には触れず，何らかの外部経済が人口集中によりもたらされるとして，生産関数に都市や地域の人口規模を加え，全要素生産性が人口規模に応じて上昇するという仮定をおいて分析するやり方もある．二つのうちどちらの方が優れているとは一概に言えず，目的に応じて使い分ける必要がある．例えば，集積の経済がどのような条件下で強くなるのか，を吟味したければ，ミクロ経済学的基礎づけから出発するべきであろう[4]．一方，集積の経済がどのように資源配分やその

---

[4] このやり方を採用した文脈の代表例が Dixit and Stiglitz [19] の独占的競争モデルを用いた新経済地理学（Krugman [30]，Fujita et al. [26]，Fujita and Thisse [25]）である．

効率性を左右するのかを見たければ，後者の方が有益な知見を得られるかもしれない[5].

2.2 単一中心都市モデル

次に，住宅地の様子を記述するための単一中心都市モデルの構造を説明する．詳細は Fujita [24] を参照されたい．このモデルは，von Thünen [48] の農地利用の分析を都市における宅地利用の分析に応用したものである．Alonso [2] によって構築された枠組みであるが，そこでの分析の鍵は，中心となる場所への近接性である．都市の中心があることを想定し，その中心から外側に向かって住宅地が広がる様子をモデル化する．都市の中心がどこにできるのかについては棚上げし，それができて周囲に住宅地がどのように広がるかを分析するのである．その基本モデルでは中心が一つである都市を想定するため，単一中心都市モデルと呼ばれる．

Alonso [2] 以降様々な拡張が行われたが，基本的には以下の性質を仮定する．

- 都市は同質で特徴の無い平野に存在している．
- 都市の中心に中心業務地区（CBD: Central Business District) が一つある．都市の形は円もしくは線分で，その中心（中点）に CBD がある．そして，都市住民は全員そこに通勤し，働く．なお，CBD 内の土地利用は割愛する．
- 都市内交通網は CBD から放射状に，密にある．そのため通勤費が通勤距離のみに依存し，それに応じて高くなる．最も簡単な想定では，通勤費が距離に比例するとする．

---

[5] このやり方を採用した文脈には例えば都市システムモデル（Henderson [27]，Kanemoto [29]）がある．

- 土地は都市外の住人が所有している．もしくは，都市住民が土地を所有しているとして，地代を均等に分け合う．前者を不在地主のケース，後者を公的所有のケースと呼ぶ．

こうした想定の下で，消費者による（土地消費を含む）効用最大化，地主による地代最大化，ひいては，市場均衡を考えるのである．この枠組みは，都市の中心がどこにできるのかについては不問にして，中心がある場所にできたら，そこに通勤して働く人の住宅地がどのように広がるのかを考察しようとするものである．ここでは，平面上に CBD を中心にした円の形で広がる都市を想定するが，線分の形をした都市を想定することも多い．また，その場合に，CBD の片側のみ考慮することも多い．というのは，もう片側は全く同じ構造になるためである．

2.2.1　消費者と地主

まず，消費者の行動から記述していこう．消費者は同質であり，その効用関数は

$$U = U(h, z)$$

で与えられるとする．ここで，h は土地（サービス）消費量，z はそれ以外の財（合成財）の消費量である[6]．$U(h, z)$ は 2 回連続微分可能で $\partial U/\partial h > 0$ かつ $\partial U/\partial z > 0$ を満たし，強い意味で準凹関数とする（無差別曲線が原点に向かって凸になっている）．また，財 z を価値基準財とし，次のような予算制約を考える．

$$y - tx = z + R(x)h$$

y は所得，$R(x)$ は CBD からの距離が x の地点の市場地代，t は単位距離あたり通勤費である．$y - tx$ は通勤費を差し引いた可処分所得を表

---

[6] ここで，土地と資本などを組み合わせて住宅サービスを提供する企業を想定し，消費者はその企業から提供された住宅サービスを消費する，とすることも可能である．

している.

　消費者はプライステイカーとして行動し，立地点と合成財，土地消費量を決める．ある地点 x にいる消費者の効用最大化問題は

$$\max_{z,q} U(h,z) \tag{2.1}$$

$$\text{s.t. } y - tx = z + R(x)h$$

であり，その一階条件は

$$\frac{U_h}{U_z} = R(x),$$

$$y - tx = z + R(x)h$$

である．この時，最大化された効用の値を $V(x, R(x))$ と書くことにする．ここでは内点解を仮定し，z も h も上級財（正常財）であるとする．次の図 2–1 は効用最大化の様子を図示したものである．

図 2–1　効用最大化

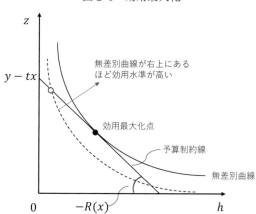

横軸に土地消費量 h，縦軸に合成財消費量 z をとり，右下がりの曲線

で無差別曲線を描いている．右下がりの直線が予算制約線であり，無
差別曲線と予算制約線との接点が効用最大化を達成する最適消費点で
ある．この図では，予算制約線を固定して，その上にある (h, z) のう
ち，最も高い効用水準（最も右上に位置する無差別曲線）を達成でき
る (h, z) が最適消費点になる．図中の●が最適消費点を表しており，○
は予算制約を満たしてはいるものの，効用を上げる余地が残る点を表
している．更に，予算制約線は立地点 x に依存するため，各消費者は，
最適消費点において達成される効用が最も高くなるような立地点 x 選
ぶ．この時都市内の引越し費用はかからないとする．

2.2.2　付け値地代と市場地代

ここでは不在地主，つまり，土地は都市外の住人が所有していると
想定しよう．不在地主は，最も高い地代を支払う人に土地を貸す．以
下では，前節の消費者の行動と，この地主の行動が整合的になる状態
を求めていく．そのために，以下のような効用最大化の双対問題を考
える．

$$\max_{h, z} \Phi \tag{2.2}$$

$$\text{s.t. } y - tx = z + \Phi h \text{ and } U(h, z) = \overline{U}$$

ここで，$\overline{U}$ は当面定数として扱う．この問題は，ある人の効用水準が
$\overline{U}$ である時に，立地点 x の土地に対して最大限支払ってもよいと考え
る地代を求めるものである．この地代のことを「付け値地代 (Bid rent)」
と呼ぶ．この付け値地代を用いて，地主が最も高い地代を支払う人に
土地を貸す状態を考えていくのである．この考え方は von Thünen [48]
が農地利用の分析ために考案したものであるが，それを Alonso [2] が
住宅地の分析に拡張した．土地は CBD からの距離により差異化され

ており，それぞれの地点の土地は異なる財と考える必要がある．その
ため，通常の需要と供給の枠組みで市場均衡を考えようとすると，無
数の財が存在した状況を扱わねばならない．その煩雑さを避けるため
の工夫が付け値地代の導入である．

地代最大化の一階条件は

$$\frac{U_h}{U_z} = \frac{y-tx-z}{h},$$

$$y-tx = z + \Phi(x,\overline{U})h,$$

$$U(h,z) = \overline{U}$$

である．ここで，$R(x,\overline{U})$ は最大化された地代である．図 2–2 は付け
値地代を図示したものである．

図 2–2 地代最大化

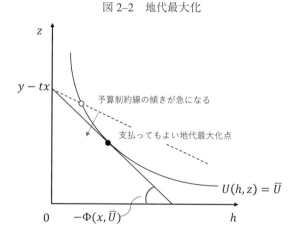

ここで，効用水準を $\overline{U}$ に固定した無差別曲線が右下がりの曲線として
描かれている．この図の右下がりの直線は，その傾きの絶対値が地代

を表す予算制約線であるが，ここでは，無差別曲線を固定して，その
上にある (h, z) のうち，予算制約線の傾きが最も急になるような (h, z)
を求めている．例えば，図中の点線と無差別曲線との交点である○と，
実線と無差別曲線との接点である●とはどちらも $\overline{U}$ を達成するが，そ
の時の地代は●の方が大きい．実際，●は，$\overline{U}$ を達成するという条件
の下で支払える地代が最大になる場合を表している．そのため，付け
値地代はその時の予算制約線の傾きの絶対値で表される．

　図 2–1 および 2–2 から分かるように，(2.2) 式は，「$\overline{U} = V(x, R(x))$」
とした時に，「$R(x) = \Phi(x, \overline{U})$」とした時の (2.1) 式と同じ解をもたら
す．実際，「$R(x) = \Phi(x, \overline{U})$」とおくと，(2.1) 式は

$$\frac{U_h}{U_z} = \frac{y - tx - z}{h} \tag{2.3}$$

$$U(h, z) = V(x, R(x))$$

$$\Phi(x, \overline{U}) = \frac{y - tx - z}{h}$$

という条件をもたらし，また，「$\overline{U} = V(x, R(x))$」とおくと，(2.2) 式も
同じ条件をもたらす．このことから，上記の場合には，これら二つの
問題が同じ解をもたらす双対問題になっていることが確認できる．

　M を都市内に住む人の集合とし，$i \in M$ とする．更に，$V(i)$ を i さ
んが今達成している効用とすると，地主は最も高い地代を支払う人に
貸すため，立地点 x の市場地代 $R(x)$ は

$$R(x) = \max \left[\max_{i \in M} [\Phi(x, V(i))], \Phi_A \right] \tag{2.4}$$

で決まる．ここで，Φ_A は農業地代（都市の外の地代）であり，ここで
は非負の定数とする．

2.2.3　市場均衡

　これまでのところ，単一中心都市モデルの市場均衡が満たすべき性質は以下の三つである．

（I）価格を所与とした各人の効用最大化.

（II）不在地主の地代最大化.

（III）各人の都市内での最適立地選択.

　都市内の引っ越し費用はかからず，自由にどこでも移動できるとしよう．すると，（III）より，都市内の効用水準はどの立地点でも同じになる．ここでは同質な消費者を想定しているので，その効用の水準を V とおくと，$V(i) = V$，$\forall i$ となり，（II）（(2.4) 式）より

$$R(x) = \max [\Phi(x, V), \Phi_A] \qquad (2.5)$$

となる．この下で(I)のように各人が効用を最大化していれば，(2.3)式より (2.5) 式の下での (h, z) が決まる．後に見るように，$\partial \Phi(x, V) / \partial x < 0$ なので，

$$\Phi(x, V) = \Phi_A \qquad (2.6)$$

となるところで都市の端の位置 $\bar{x}$ が決まる．この様子を描いたのが図 2–3 である.

　残る内生変数は都市内の効用水準 V と都市内の人口 N である．これを決定する方法は 2 通りある．

（A）（小）開放都市：都市内外で消費者が自由に行き来できるとする．そのため，市場均衡では都市内外で効用水準が等しくなければならないという条件を課す．この時，都市外の効用水準 $\overline{V}$ は外生的に与える

図 2–3　土地利用の決定

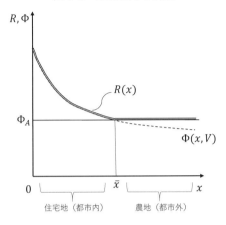

$(V = \overline{V} \geq 0)$．都市内の人口 N は

$$N = \int_0^{\overline{x}} \frac{2\pi x}{h} dx \tag{2.7}$$

で決まる．この場合の均衡条件をまとめると，内生変数 $(h, z, R(x), \overline{x}, N)$ が（2.3）式，（2.5）式，（2.6）式，（2.7）式で決まる[7]．

(B) 閉鎖都市：都市内の人口 $\overline{N}$ を外生的に与える（$\overline{N} > 0$）．すると，都市内の効用水準 V が

$$\int_0^{\overline{x}} \frac{2\pi x}{h} dx = \overline{N} \tag{2.8}$$

で決まる．この場合の均衡条件をまとめると，内生変数 $(h, z, R(x), \overline{x}, V)$ が（2.3）式，（2.5）式，（2.6）式，（2.8）式で決まる．

---

[7] 都市内の土地の総量は $\pi \overline{x}^2$ であり，立地点 x から $x+\Delta$ までにある土地の量は $2\pi x \Delta$ である（Δ が十分小さい時）．

2.2.4　付け値地代の性質

　ある人の付け値地代がどういう性質を持っているか考えよう．以下では不在地主のケースを扱う．付け値地代を考える上で効用の水準 $\overline{U}$ は固定して考えているので，$U(h,z)=\overline{U}$ より，$\overline{U}$ を所与として q を定めれば z が決まり，また，地代最大化からもたらされる（補償）需要は次の性質を満たす．

$$\frac{\partial z}{\partial h} = -\frac{U_h}{U_z} = -\Phi(x,\overline{U}).$$

また，予算制約式より，

$$\begin{aligned}
\frac{\partial \Phi(x,\overline{U})}{\partial x} &= \frac{\partial}{\partial x}\left(\frac{y-tx-z}{h}\right) \tag{2.9}\\
&= -\frac{1}{h}\frac{\partial z}{\partial h}\frac{\partial h}{\partial x} - \frac{y-tx-z}{h^2}\frac{\partial h}{\partial x} - \frac{t}{h}\\
&= \frac{\Phi(x,\overline{U})}{h}\frac{\partial h}{\partial x} - \frac{\Phi(x,\overline{U})}{h}\frac{\partial h}{\partial x} - \frac{t}{h}\\
&= -\frac{t}{h} < 0
\end{aligned}$$

であるので，付け値地代はCBDからの距離 x の関数として見たとき，減少関数となる．更に，無差別曲線上の点であることより，$\Phi(x,\overline{U})$ が小さくなれば，h は大きくなるので，$\Phi(x,\overline{U})$ を $x-\Phi$ 平面上に書いた付け値地代曲線の傾きは x が大きくなるほどゆるやかになる（図2–3参照）．

　また，付け値地代曲線は以下の三つの性質を持つ．性質1および2は，図2–2において，それぞれの変化前と変化後の付け値地代を比べることで確認できる．

性質1：より高い効用水準 $\overline{U}+\Delta_{\overline{U}}$（$\Delta>0$）に対して，付け値地代曲

線は低く，傾きは緩やかになる．$\overline{U}+\Delta_{\overline{U}}$ の下で，h は大きく，そのため，$\partial\Phi(x,\overline{U})/\partial x$ は小さくなることに注意されたい．

性質2：より高い所得 $y+\Delta_y$ に対して，付け値地代曲線は高く，傾きは急になる．効用の水準が一定なので，$y+\Delta_y$ の下で，h は小さく，そのため，$\partial\Phi(x,\overline{U})/\partial x$ は大きくなることに注意されたい．

性質3：効用水準が $\overline{U}$ で所得が y の場合の付け値地代曲線と効用水準が $\overline{U}+\Delta_{\overline{u}}$ で所得が $y+\Delta_y$ の場合の付け値地代曲線を比べると，二つの曲線の交点においては，$\overline{U}$ かつ y の場合の付け値地代曲線の方が傾きは急になる．土地サービスが上級財であることから，$\overline{U}$ かつ y の場合よりも $\overline{U}+\Delta_{\overline{u}}$ かつ $y+\Delta_y$ の場合の方が h が大きくなり，(2.9) 式より，図2–4 に示すように，もし交点が存在するならば，その交点ではこのような傾きの関係になるのである．

付け値地代曲線の性質3より，都市内に所得の違う2種類の家計がいると，より低い所得の家計が中心近くに，高い所得の家計が郊外に住む．この時，土地消費量は所得の高い家計の方が多い．ただし，このパターンは欧米諸国でよく観察されるものであり，日本では必ずしもこうなっていない．しかし，通勤の機会費用を考慮するとこの違いを

図 2–4　付け値地代曲線の性質3

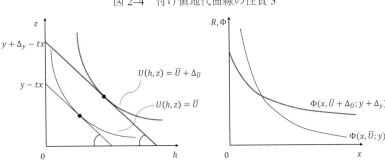

理解できることが知られている．このように，付け値地代を利用することで，異質な経済主体による土地利用を，通勤との関係で分析することが可能になる．

2.3　アイデンティティと社会的統合

　異なる文化や背景，言語を持つ多様な人々が社会的に統合され，共生していけるかを考察する方法は様々にあり得るが，共生の根幹を成すのは，同じ共同体に属しているという帰属意識であろう．このような帰属意識は，自分がどのような存在であると考えるのか，つまり，アイデンティティに由来する．アイデンティティを経済学に取り込む動きは，Akerlof and Kranton [4][5] 以降，着実に進んできた．

　例えば，女性の社会進出を考える際に，女性にとっての社会進出の便益は，その人が自分をどういう存在と考えるのかに大きく依存する．もし自分を「良妻賢母であるべき存在」として考えているのであれば，社会進出はさほど魅力的に思われないであろうが，もし自分を「社会で活躍すべき存在」として考えているのであれば，社会進出の便益は非常に大きくなる．アイデンティティのあり方によって，同じ現象の価値が大きく異なり得るのである．さらに，こうしたアイデンティティそのものも意思決定の対象となり得る．育った環境や文化的背景ももちろんアイデンティティを規定する大きな要因であるが，自分自身をどのようにとらえるのかを自分で考えることも可能であり，アイデンティティのある程度は自身の意思決定の産物である．こうしたアイデンティティについての意思決定を含めて分析することで，職業意識，教育問題，性別，人種に関わる様々な問題に新たな知見をもたらすことができる．多様な人々の社会的統合もその一つである．ある共同体（地域社会や会社など）を構成する集団が，どのように自分達を定義する

のかに応じて，彼らの帰属意識は左右される．例えば，ある地域に暮らす民族的少数派に属する人々は，自身の民族集団に帰属意識を持つことも可能であるし，その地域の一員であるという意識を持ち，民族によらず地域社会全体に帰属意識を持つことも可能である[8]．

Shayo [41] および Sambanis and Shayo [38] は，この帰属意識の議論を社会的統合の考察に用いるには，以下の 3 つの要素に分けて考慮すると見通しが良くなると論じた．まず，帰属意識を変化させることから生じる物質的，金銭的便益である．少数派からすると，多数派の社会にうまく溶け込めれば，より恵まれた職につける可能性が上がるかもしれない．すると，その報酬や職場環境の改善の金銭的価値が社会的統合の便益となる．次に，元々自分が属する集団の持つ特性と，多数派の持つ特性とが異なることから生じうる軋轢からの認知的費用も重要である．ここで，特性とは，言語や宗教，習慣といった，それぞれの集団が持つ文化的背景により決まる．そのため，これは文化的な摩擦からの費用といえる．最後に，自分が帰属しようとする集団の社会的地位からの満足度である．自分が少数派の集団に帰属意識を持つ場合，その集団が社会で所得などの面でどのような地位にあるのかを気にする，というわけである．最初の金銭的便益は，経済学が伝統的に考察対象としてきた要素であるが，後の二つは認知心理学が源流である (Nosofsky [35]，Turner et al. [44]，Tajfel and Turner [43])．社会的統合の分析においてこれらの 3 つの要素全てを必ず含めなければならいというわけではない．本書では，それらを必要に応じて取捨選択して用いることにする．

帰属意識に関連した文脈として，少数派による反多数派的帰属意識の研究がある．民族や人種における少数派に属する人の一部が，多数

---

[8] ここで議論の対象にするのは社会に参加する際の帰属意識であり，家庭における帰属意識ではない．家庭においては自身の文化を大事にしつつ，社会に参加する際には共同体の文化を尊重することも当然可能である．

派の価値観とあえて反するような行動規範を選択する現象がしばしば
観察される（Ainsworth-Darnell and Downey [1] 等）．例えば，アメリカ
で，貧困地域に住むアフリカ系アメリカ人の生徒が，学校で標準的な
英語を勉強したり，良い成績をとったりすると，「acting white」であ
り，多数派の価値観を選んだとみなされるため，そうした勉強は必要
だと思いながらもそれを拒否する気持ちを持ったりもすることが知ら
れている．こうした現象がなぜ生じるのかを理論的に分析した研究も
ある（Akerlof [3]，Austen-Smith and Fryer [6]，Selod and Zenou [40]，
Battu et al. [7]，Bisin et al. [9]，De Marti and Zenou [18]，Eguia [23]
等）．さらに，民族や人種の面での少数派に属する人々の社会的統合に
おける帰属意識の役割を明示的に考慮した研究も存在する (Bisin et al.
[9][10][11]，Panebianco [36]，Verdier and Zenou [46][47] 等).

第3章 都市における少数派の社会的統合の分析

　大都市が多様な人々の共生の場となりうるかどうかを考察するために，自分と異なる属性を持つ人々とどのように関わるのかを表現した都市モデルを構築する．その第一歩として，民族的少数派が多数派の社会文化に溶け込もうとするかどうかの意思決定を念頭に置き，集積の経済と単一中心都市構造を持つモデルに，アイデンティティについての意思決定を組みこむことで，都市において社会的統合がどのように実現し得るかを理論的に検証する．この枠組みは Sato and Zenou [39] で構築されたものである．

　民族的少数派の社会的統合の研究は，移民の文脈で数多く行われており，様々な要因が社会的統合を左右することが分かっている．例えば，同時期に移民としてやってきた人々の教育水準や英語力（Borjas [12], Chiswick and Miller [15][16], Dustmann and Fabbri [21], McManus et al. [34] 等），出身国 (Beenstock et al. [8], Borjas [12][13], Chiswick and Miller [17]), 同じ民族の集中度合い（Edin et al. [22], Lazear, [32] 等）の影響が検証されてきた．本書は，都市が社会的統合において果たす役割を明らかにすることで，この文脈に貢献するものである．

　ここでは，Shayo [41] および Sambanis and Shayo [38] に倣って，帰属意識についての意思決定に三つの要素が関わっていると考える．まず，各個人が，社会にはある種の社会的グループが存在していることを認識していて，それへの帰属意識を自身で決めているとする．次に，各個人は，生まれながらにいずれかの社会的グループに関係していて，

そのグループの持つある種の特性を保持しており，異なる特性を持つ社会的グループに帰属意識を持とうとすると，何らかの心理的距離を感じてしまう．これを認知的距離と呼ぶことにする．最後に，社会的グループの社会的地位にも各個人は関心を持っている．これらの三つの要素に都市的な要素を加味して，都市における帰属意識の意思決定を論じていきたい．

3.1　基本的枠組み

　総人口を1に基準化した都市を想定する．その総人口のうち，$100 \times \mu$パーセントがグループ m のメンバーで，$100 \times (1-\mu)$ パーセントがグループ c のメンバーだとする．ここで，$\mu < 1/2$ と仮定する．すなわち，グループ m がこの都市での少数派で，グループ c が多数派ということになる．このグループは社会的なもので，民族や人種など様々な想定が可能であるが，ここでは主に民族を念頭に置いて説明する．そうすると，グループ m は民族的少数派で，グループ c は民族的多数派ということになる．移民を考察対象とする場合には，移民が民族的少数派，ネイティブが民族的多数派と考えればよい．

　こうした社会的グループはある種のカテゴリーで，各個人は自分が育ってくる間に，自分がそこに属していることを学ぶ．また，各個人は生まれながらにどちらかのグループに属しているが，その後にどちらのグループに帰属意識を持つかの意思決定ができるとする．ここでは，少数派の多数派社会への統合を議論していきたいので，少数派が，社会に参加する際に少数派に帰属意識を持ち続けるか，それとも，多数派の社会に帰属意識を持つか（自分の民族に帰属意識を持ち続けるか，それとも，都市市民として多数派の社会に溶け込んで，そこに帰属意識を持つか）を決める意思決定に注目しよう．そのため，多数派

はこうした意思決定を行わない（常に都市市民として多数派の社会に
帰属意識を持ち続ける）とする．これは多数派の意思決定が重要でな
いと考えているわけではなく，少数派と多数派一度に考えると問題が
複雑になりすぎるため，まずは少数派の意思決定のみ分析しようとい
う戦略である．実際，少数派の帰属意識に関わる問題と都市の側面を
同時に考慮すると，それだけでかなり複雑な枠組みになる．そのため，
この章では多数派の意思決定は捨象したうえで分析を行い，後の章で
そのエッセンスだけを残しつつ簡略化したうえで多数派の意思決定も
扱える枠組みの構築を目指す．

　少数派は，自身のグループ m に帰属意識を持つか（これはすなわち
多数派の社会規範を拒絶することをも意味する），それとも，多数派の
規範を受け入れて，社会的に統合されるかを選ぶ．すると，均衡にお
いて，次のような二つのタイプの少数派が現れる．まず，多数派の社
会に統合されることを選ぶ少数派である．これを統合された民族的少
数派（assimilated ethnic minority individuals）とよぶ．次に，多数派の
社会に統合されることを拒否する少数派である．これを対立的な民族
的少数派（oppositional ethnic minority individuals）と呼ぶことにする．

3.1.1　都市的要素としての集積の経済

　都市においては，労働力のみを投入して価値基準財（the numéraire
good）が生産される．ここで，生産は企業レベルでは規模に関して収
穫一定であるが，集積の経済が存在するため，都市規模とともに生産性
が上昇する．こうした集積の経済の源泉として，人々の間の交流が特
に重要であり，そこに少数派の社会的統合は深く関わると考えられる．
もし都市に住む人々が各々のグループに帰属意識を持つならば，皆が
都市市民として帰属意識を持つ場合と比べて，グループ間の交流は低
調にならざるを得ない．すると，集積の経済の恩恵も弱まってしまう．
このアイデアを簡単に表現するため，少数派の人々の生産性が，帰属

意識の持ち方により次のように異なると仮定する.

$$y_m(\lambda) = f\left((1-\lambda)\mu + \varepsilon\left(\lambda\mu + 1 - \mu\right)\right), \tag{3.1}$$

$$y_c(\lambda) = f\left(\lambda\mu + 1 - \mu + \varepsilon\left(1 - \lambda\right)\mu\right).$$

ここで, y_J は, 少数派の人がグループ $J \in \{m, c\}$ に帰属意識を持った場合の生産性であり, λ は社会的に統合されることを選んだ少数派の人の割合である. 多数派の人々はかならず都市市民として社会的に統合される（多数派の規範を受け入れてそのグループに帰属意識を持つ）ため, この帰属意識を持つ（多数派の規範を受け入れる）人のグループの規模は $\lambda\mu + 1 - \mu$ となり, 少数派に帰属意識を持つ（多数派の規範を拒絶する）人々のグループの規模は $(1-\lambda)\mu$ となる. ここで, $f(\cdot)$ は二回連続微分可能で, $f'(\cdot) > 0$ および $f''(\cdot) < 0$ を満たすと仮定する. $\varepsilon \in [0, 1]$ は帰属意識が異なる人々との交流できる可能性を表す定数である. $\varepsilon < 1$ の場合, 社会的に統合された少数派は, むしろ多数派寄りになり, 統合を拒否した少数派との交流が難しくなることを表す. 実際, 受け入れた規範により人間関係が変化することは, 言語の違いなどと相まって十分生じ得ると考えられる (Lazear[32]; De Marti and Zenou[18]). この極端なケースが $\varepsilon = 0$ で, 異なる帰属意識を持つ人とは交流しない状況を表している. $\mu < 1/2$ であるので, $\varepsilon < 1$ である限り, $y_m(\lambda) < y_c(\lambda), \forall\lambda \in [0, 1]$ となる. もし $\varepsilon = 1$ なら, 帰属意識は集積の経済に関係なくなる. 以下では, $\varepsilon < 1$ のケースに注目して分析を行っていく. この生産性について, 次のような補題を示すことができる[9].

補題 1

(i) $y_c(\lambda) \geq y_m(\lambda),\ \forall\lambda \in [0, 1],\ \forall\varepsilon \in [0, 1)$ が成り立つ. また, $y_c(\lambda)$

---

[9] 補題や命題の証明は補論 A を参照されたい.

は λ について増加かつ凹関数であるが，$y_m(\lambda)$ は λ について減少かつ凹関数である．さらに，$y_c(\lambda)/y_m(\lambda)$ は λ について増加関数である．

(ii) $y_c(\lambda)$ および $y_m(\lambda)$ は ε について増加かつ凹関数である．さらに，$y_c(\lambda)/y_m(\lambda)$ ε について減少関数である．

(iii) $y_c(\lambda)$ は μ について減少かつ凹関数で，$y_m(\lambda)$ は μ について増加かつ凹関数である．さらに，$y_c(\lambda)/y_m(\lambda)$ は μ について減少関数である．

　この補題は，少数派のグループの規模や帰属意識のあり方が集積の経済を通じてどのように所得に影響するかを明らかにしており，その様子を図 3–1 で示している．

　図 3–1（a）は (i) の関係を描いている．より多くの少数派の人々が社会的統合を選ぶようになると，統合された人々が増え，その交流の増加から集積の経済の効果を通じて彼らの所得が増える．一方で，対立的な少数派の人々が享受できる集積の経済の効果は低くなり，彼らの所得は減ることになる．結果として所得比 $y_c(\lambda)/y_m(\lambda)$ は上昇する．言い換えると，社会的統合の意思決定は，統合を選ぶにせよ，対立を選ぶにせよ，ある種の収穫逓増効果を持つのである．この結果は，社会的統合についての意思決定が外部性を持つことを示している．実際，ある人が社会的統合を選ぶという行動が，統合された少数派の人々に正の外部性（外部経済）を，対立的な少数派の人々には負の外部性（外部不経済）をもたらす．

　図 3–1（b）は (ii) の関係を描いている．ε はグループ間での交流の可能性を表すパラメタであるが，これが上昇すると，グループ間での交流が増えるため，両グループの所得を引き上げる．$f''(\cdot) < 0$ の仮定から，この効果は対立した少数派の人々の所得についての方が顕著に現れる．図 3–1（c）は少数派の総人口に占める割合 μ の効果の影響で

図 3–1　帰属意識による少数派の所得格差

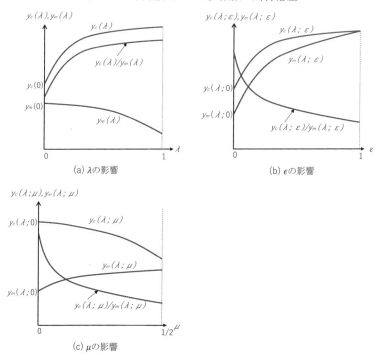

ある．μ の上昇は，統合された少数派の人々の所得を引き下げるものの，対立した少数派の人々の所得を引き上げる．少数派と多数派の人口規模の差が小さくなって，統合された少数派が交流できる人が減り，対立された少数派が交流できる人が増えるためである．その結果所得比は低下することになる．以上の性質を持つ所得 y_J が効用関数を構成する第一の要素である．

3.1.2　認知的距離

　効用関数を構成する第二の要素は認知的距離である．この認知的距離という考え方は，認知心理学の文脈に由来するもので (Nosofsky [35];

Turner et al. [44]), 経済学の理論分析にも取り入れられてきた. そこで
は, 多くの場合, 各経済主体がとる行動が, 自身の社会的規範に反する
場合に, 何らかの費用を生じさせるものとして扱われてきた (Akerlof
[3]; Shayo [41]; Patacchini and Zenou [37]; Sambanis and Shayo [38]; Liu
et al. [31]; Boucher [14]; Ushchev and Zenou [45]).

　各個人は何らかの特性もしくは特質 q_i を持って生まれてくるとする.
この q_i は社会的グループ $i \in \{m, c\}$ に結びついていて, その結びつき
自体は変えることができない. 少数派として生まれた人は少数派であ
ることは変えられないし, 多数派として生まれた人は多数派であるこ
とは変えられない. そのため, 少数派の人は q_m を, 多数派の人は q_c
を持って生まれてくる. ここでは, 特質 q_i が二値変数で, $q_m = 1$ お
よび $q_c = 0$ となっているとする. ここで, 個人が帰属意識を持つ社会
的グループの社会的規範を $\overline{q}_J$, $J \in \{m, c\}$ と書き, それが, グループ
J の典型的（平均的）な特質によって決まるとする. q_i が二値変数な
ので, $\overline{q}_J$ は帰属意識を持つ社会的グループでの少数派の割合により
決まり, 次のようになる.

$$\overline{q}_J = \begin{cases} 1 & \text{if } J = m \\ \frac{\lambda\mu}{\lambda\mu + 1 - \mu} & \text{if } J = c \end{cases}. \tag{3.2}$$

ここで, $\lambda\mu/(\lambda\mu + 1 - \mu)$ は, グループ c に帰属意識を持つ人の中での少
数派の人々の割合である. 少数派の各個人にとってのグループ J に帰
属意識を持つ場合の認知的距離が $\ln D_J(\lambda) = \ln d\left(\left|q_m - \overline{q}_J\right|\right)$ で与えら
れるとする. $d(\cdot)$ は $\left|q_m - \overline{q}_J\right|$ の増加関数で, $d(0) = 1$, $d(1) = \overline{d} > 1$,
$d'(1) = 0$, を満たすとする.

　(3.2) 式を考慮すると, $D_J(\lambda)$ は次のようになる.

$$D_J(\lambda) = \begin{cases} d(0) = 1 & \text{if } J = m \\ d\left(\frac{1-\mu}{\lambda\mu + 1 - \mu}\right) & \text{if } J = c \end{cases}. \tag{3.3}$$

この定式化の下では，少数派の人々が社会的統合を拒み，少数派の社会的規範の下で暮らす場合，認知的距離は最も小さく，$\ln d(0) = 0$ となるが，彼らが社会的統合を選び，多数派の社会的規範の下で暮らす場合は，認知的距離を感じることになり，その負担は多数派の社会的規範を選ぶ人の中で多数派が占める割合 $(1-\mu)/(\lambda\mu+1-\mu)$ とともに大きくなる．

3.1.3 社会的地位

効用関数を構成する最後の要素は，グループの社会的地位である．このグループの社会的地位は，他のグループとの比較で決まり (Tajfel and Turner [43])，ここの定式化の下では，グループの平均所得 $\overline{y}_J(\lambda) = y_J(\lambda)$ が，社会全体の平均所得 $\overline{y}(\lambda) = (1-\lambda)\mu y_m(\lambda) + (\lambda\mu+1-\mu) y_c(\lambda)$ と比べてどれくらいの水準かで決まる．従って，自身が帰属意識を持つグループが全体として高い所得を得るほど，この社会的地位から何らかの効用を感じることになる．

3.1.4 効用関数

以上の議論をまとめると，グループ m の一員として生まれて，グループ J に帰属意識を持つ人の効用関数は次のようになる．

$$U_J(\lambda) = \alpha \ln \underbrace{y_J(\lambda)}_{\text{個人の所得}} - \delta \underbrace{\ln D_J(\lambda)}_{\text{認知的距離}} + \sigma \ln \underbrace{\frac{\overline{y}_J(\lambda)}{\overline{y}(\lambda)}}_{\text{グループ } J \text{ の社会的地位}} \quad (3.4)$$

(3.4) 式の第一項は自身の所得からの効用で，第二項は認知的距離からの不効用，第三項は帰属意識を持ったグループの社会的地位からの効用である．ここで，ある種の個人の異質性を導入する．α は個人の所得からの効用の重要度を表しているが，これが少数派の個人間で異な

り，$[\underline{\alpha},\overline{\alpha}]$ 上に分布しているとする[10]．その累積分布関数が $G(\alpha)$，密度関数が $g(\alpha)$ で与えられている．少数派の人々は，社会的統合からの個人所得増加と，それに伴う認知的距離からの不効用，および，グループの社会的地位からの効用を天秤にかけて意思決定する．α はその時に個人所得増加がどの程度重要かを表しているため，α の高い個人ほど社会的統合を選ぶことになる．

3.2　均衡

ここでは各プレーヤーの戦略がどのグループに帰属意識を持つかであるようなゲームにおける純粋戦略ナッシュ均衡を均衡として考える（これを Social Identity Equilibrium と呼ぶ）．

定義 2

(*i*) 統合的均衡（*An Assimilation Social Identity Equilibrium (ASIE)*）：全ての少数派の人々が，多数派グループに社会的に統合されることを選ぶ，つまり，$\lambda = 1$ となるときを統合的均衡と呼ぶ．

(*ii*) 対立的均衡（*An Oppositional Social Identity Equilibrium (OSIE)*）：全ての少数派の人々が，多数派グループの社会的規範を拒否する，つまり，$\lambda = 0$ となるときを対立的均衡と呼ぶ．

(*iii*) 混合均衡（*A Mixed Social Identity Equilibrium (MSIE)*）：少数派の人々の中に，社会的統合を選ぶ人も，多数派の規範を拒否する人もいる，つまり，$0 < \lambda < 1$ となるときを混合均衡と呼ぶ．

ここではナッシュ均衡を分析するため，個人の意思決定が他の人達の意思決定の結果決まる社会的状況と整合的である必要がある．つま

---

[10] δ や σ に異質性を導入しても同様の分析が可能である．

り，少数派の個人が多数派の社会的規範を受け入れ，社会的統合を選ぶための条件は $U_c(\lambda) > U_m(\lambda)$ で，多数派の社会的規範を拒否し，自身のグループに帰属意識を持つための条件は $U_m(\lambda) \geq U_c(\lambda)$ で与えられる．(3.4) 式より，$U_c(\lambda) > U_m(\lambda)$ は次のように書ける．

$$(\alpha+\sigma)\ln\frac{y_c(\lambda)}{y_m(\lambda)} > \delta\ln\frac{D_c(\lambda)}{D_m(\lambda)}.$$

この式は，社会的統合のトレードオフを表している．社会的統合を選ぶと，一方で所得の上昇 $(y_c(\lambda)/y_m(\lambda) > 1)$ を享受できるが，他方で，認知的距離からの不効用も増してしまう $(D_c(\lambda)/D_m(\lambda) > 1)$．この式の左辺は α とともに上昇するが，右辺は影響されない．従って，α の高い個人ほど社会的統合を選ぶことがわかる．ここで，$\Gamma(\lambda;\alpha)$ を次のように定義する．

$$\Gamma(\lambda;\alpha) \equiv (\alpha+\sigma)\ln\frac{y_c(\lambda)}{y_m(\lambda)} - \delta\ln\frac{D_c(\lambda)}{D_m(\lambda)}. \tag{3.5}$$

命題 3　λ を所与としたとき，ある少数派の個人が社会的統合を選ぶための必要十分条件は $\Gamma(\lambda;\alpha) > 0$，多数派の社会的規範を拒否するための必要十分条件は $\Gamma(\lambda;\alpha) \leq 0$ となる．

　均衡を決めるためには，上の命題で所与とした λ を決める必要がある．そこで，$\Gamma(\lambda;\alpha)$ が λ にどのように依存するかを調べたのが次の補題である．

補題 4　$\Gamma(\lambda;\alpha)$ は λ とともに増加する，つまり，$\partial\Gamma(\lambda;\alpha)/\partial\lambda > 0$ である．さらに，$\lim_{\mu\to 0}\partial\Gamma(\lambda;\alpha)/\partial\lambda = 0$ となる．

　$\partial\Gamma(\lambda;\alpha)/\partial\lambda > 0$ という関係は，全体として社会的統合を選ぶ人が多い

ほど，少数派の人々の社会的統合へのインセンティブが増すことを示している．つまり，社会的統合の意思決定には補完関係があるのである．このことは，λ の増加が，$y_c(\lambda)/y_m(\lambda)$ を上昇させ，$\ln D_c(\lambda) = \ln d\left(\left|q_m - \overline{q}_c\right|\right)$ を減少させることからも理解できる．また，$\lim_{\mu \to 0} \partial \Gamma(\lambda; \alpha)/\partial \lambda = 0$ という結果は，少数派の人口規模が非常に小さい時にはこの補完関係が働かないことを意味している．

　さらに，$\partial \Gamma(\lambda; \alpha)/\partial \alpha > 0$ であることから，命題 3 より，λ を所与としたときに，α についてのある閾値 $\widetilde{\alpha}$ が存在して，$\widetilde{\alpha}$ よりも大きな α を持つ人は社会的統合を選び，それより小さな α を持つ人は多数派の規範を拒絶することがわかる．この様子を描いたのが図 3-2 である．

図 3-2　社会的統合の意思決定

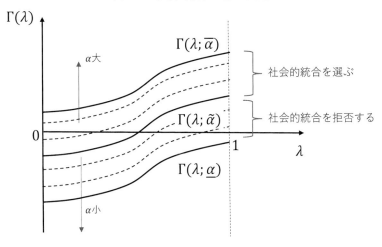

　そして，社会的統合を選ぶ少数派の人々の割合 λ が $1 - G(\widetilde{\alpha})$ で決まる．λ が 0 や 1 の時の $\Gamma(\lambda; \alpha)$ の値が

$$\Gamma(0; \alpha) = (\alpha + \sigma) \ln \frac{f(1 - \mu + \varepsilon\mu)}{f(\mu + \varepsilon(1 - \mu))} - \delta \ln \overline{d},$$

$$\Gamma(1;\alpha) = (\alpha + \sigma) \ln \frac{f(1)}{f(\varepsilon)} - \delta \ln d\,(1 - \mu),$$

のようになることに注意すると，均衡の条件は次の命題のように整理できる．

命題 5

(i) 統合的均衡 (ASIE) は $\alpha^* = \underline{\alpha}$, $\lambda^* = 1$, $\Gamma(1; \underline{\alpha}) > 0$ を満たす $(\alpha^*, \lambda^*, \Gamma)$ である．

(ii) 対立的均衡 (OSIE) は $\alpha^* = \overline{\alpha}$, $\lambda^* = 0$, $\Gamma(0; \overline{\alpha}) < 0$ を満たす $(\alpha^*, \lambda^*, \Gamma)$ である．

(iii) 混合均衡 (MSIE) は $\lambda^* = 1 - G(\alpha^*)$ と $\Gamma(\lambda^*; \alpha^*) = 0$ を満たす $(\alpha^*, \lambda^*, \Gamma)$ である．

さらに，ここでは，微細な攪乱が生じても，元に戻る力が働くという意味での安定性を課す．ASIE と OSIE はその条件から安定であることはすぐにわかる．しかし，MSIE が安定であるためには追加条件が必要である．$\Gamma(\lambda; \tilde{\alpha}) = 0$ および $\lambda = 1 - G(\tilde{\alpha})$ が $\lambda - \tilde{\alpha}$ 平面で右下がりで，λ が与えられると $\Gamma(\lambda; \tilde{\alpha}) = 0$ が $\tilde{\alpha}$ を決め，それに対して $\lambda = 1 - G(\tilde{\alpha})$ が λ を決める，という構造になっているため，MSIE が安定性を満たすための必要十分条件は，$\lambda - \tilde{\alpha}$ 平面での両曲線の交点において，$\lambda = 1 - G(\tilde{\alpha})$ の接線の傾きが $\Gamma(\lambda; \tilde{\alpha}) = 0$ の接線の傾きより急になっていることである．さらに，そうした交点は $\lambda = 1 - G(\tilde{\alpha})$ の接線の傾きが定義域全域で $\Gamma(\lambda; \tilde{\alpha}) = 0$ の接線の傾きより急になっていれば一つであることも示せる．この条件は

$$-\frac{1}{g(\tilde{\alpha})} < -\frac{\partial \Gamma(\lambda; \tilde{\alpha})/\partial \lambda}{\partial \Gamma(\lambda; \tilde{\alpha})/\partial \tilde{\alpha}}, \qquad \forall (\lambda, \tilde{\alpha}) \in [0, 1] \times [\underline{\alpha}, \overline{\alpha}], \qquad (3.6)$$

のように書ける．もしこの条件が満たされていなければ，交点が複数

存在し，複数の安定均衡が生じる可能性がある．

　この条件が満たされるかどうかで均衡の様子がどのように変わるか
を示したのが図 3–3 である．図 3–3(a) は条件 (3.6) 式が満たされてい
て，唯一の安定均衡が存在する場合である．二本の右下がりの実線が
$\Gamma(1;\underline{\alpha}) \le 0 \le \Gamma(0;\overline{\alpha})$ であるときの $\Gamma(\lambda;\widetilde{\alpha})=0$ と $\lambda=1-G(\widetilde{\alpha})$ を表し
ていて，接線の傾きが急な方が $\lambda=1-G(\widetilde{\alpha})$ である．．$\Gamma(\lambda;\widetilde{\alpha})=0$ の上
側の領域では $\Gamma(\lambda;\widetilde{\alpha})$ が正の値をとり，下側の領域では負の値をとる．
二本の実線の交点 (λ^*,α^*) が MSIE となる．この時，攪乱が生じて，λ
が λ^* から λ'（もしくは λ''）に変化してしまったとしよう．この新たな
λ の下で新たな $\widetilde{\alpha}$ が $\Gamma(\lambda;\widetilde{\alpha})=0$ で決まり，それに対して $\lambda=1-G(\widetilde{\alpha})$
が更に新たに λ を決める．こうした過程が図中の矢印で描かれている．
この矢印の動きをたどると，攪乱が生じても，元に戻る力が働いている
ことを確認できる．図 3–3(a) では，ASIE および OSIE も描いている．
上の方にある点線は $\Gamma(0;\overline{\alpha}) < 0$ の場合を描いていて，この場合 OSIE
となる．一方，下の方にある点線は $\Gamma(1;\underline{\alpha}) > 0$ の場合を描いていて，
この場合 ASIE となる．

　図 3–3(b) は条件 (3.6) 式が満たされない場合である．ここでも二本
の右下がりの実線が $\Gamma(0;\underline{\alpha}) \le 0 \le \Gamma(1;\overline{\alpha})$ であるときの $\Gamma(\lambda;\widetilde{\alpha})=0$ と
$\lambda=1-G(\widetilde{\alpha})$ を表していて，上の方の点線が $\Gamma(1;\overline{\alpha}) < 0$（OSIE となる）
の場合を，下の方の点線が $\Gamma(0;\underline{\alpha}) > 0$（ASIE となる）の場合を表して
いる．$\Gamma(0;\underline{\alpha}) \le 0 \le \Gamma(1;\overline{\alpha})$ の場合，複数（安定）均衡が存在する可能
性がある．図 3–3（b）では，(λ^*,α^*) と ASIE とが安定均衡になって
いる．

　次の命題はこうした安定均衡の可能性についてまとめたものである．

命題 6

(*i*)　条件 (3.6) 式が満たされているとする．

図 3–3　安定均衡の可能性

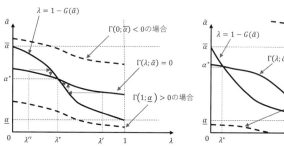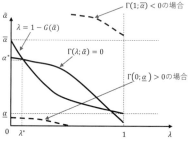

(a) 唯一の安定均衡が存在する
　　（条件（3.6）式が満たされる）場合

(b) 複数（安定）均衡の可能性がある
　　（条件（3.6）式が満たされない）場合

- (*ia*) もし $\Gamma(1;\underline{\alpha}) > 0$ なら，唯一の安定均衡が存在して，それは統合的均衡 (*ASIE*) である．

- (*ib*) もし $\Gamma(0;\overline{\alpha}) < 0$ なら，唯一の安定均衡が存在して，それは対立的均衡 (*OSIE*) である．

- (*ic*) もし $\Gamma(1;\underline{\alpha}) \leq 0 \leq \Gamma(0;\overline{\alpha})$ なら，唯一の安定均衡が存在して，それは混合均衡 (*MSIE*) である．

(*ii*) 条件 (3.6) 式が満たされていないとする．

- (*iia*) もし $\Gamma(0;\underline{\alpha}) > 0$ なら，唯一の安定均衡が存在して，それは統合的均衡 (*ASIE*) である．

- (*iib*) もし $\Gamma(1;\overline{\alpha}) < 0$ なら，唯一の安定均衡が存在して，それは対立的均衡 (*OSIE*) である．

- (*iic*) もし $\Gamma(0;\underline{\alpha}) \leq 0 \leq \Gamma(1;\overline{\alpha})$ なら，複数の安定均衡が存在する可能性がある．

　以降では，安定性を満たす均衡のみに注目する．そのため，「均衡」という言葉を使う場合，特に説明が無ければそれは安定性を満たす均

衡を指す.

　均衡の条件が都市的要素にどう左右されるかを検証したのが次の命題である.

命題 7

(i)　μ が十分小さければ, 対立的均衡 (*OSIE*) か統合的均衡 (*ASIE*) が生じる. μ が大きいと混合均衡も生じる可能性が出てくる.

(ii)　ε が十分小さければどの均衡も生じる可能性がある. ε が大きくなるにつれて対立的均衡 (*OSIE*) が生じやすくなる.

　結果 (i) は少数派グループの規模 (μ) が帰属意識の決定において重要な要因となることを示している. μ が小さいと, 少数派の人々は全員社会的統合を選ぶか, 全員多数派の規範を拒否するか, 両極端になる. しかし, μ が大きくなると, 少数派の中での様子が重要度を増し, 一部であっても少数派の社会的統合が大きな便益をもたらす一方で, 多数派の規範を拒否しても十分な集積の経済を享受できる可能性が生じる. そのため, α の違いにより異なる選択を行う余地が出てくるのである.

　異なるグループの交流可能性 (ε) も重要な役割を果たす. ε が大きくなると, 多数派の規範を拒否しても集積の経済を享受できるようになる. そのため, 認知的距離の不効用を嫌って社会的統合を避けるようになるのである. $\varepsilon \to 1$ という極端な場合は, 社会的統合による所得の変化は無くなるため, 全ての少数派の人々が多数派の規範を拒否することになる.

3.3 都市構造と帰属意識

3.3.1 都市構造の導入

ここで，より具体的に都市構造を導入しよう．その際，単一中心都市モデルを用いる．ここでは，数直線上で線分の形をした単一中心都市モデルを考え，原点の位置を CBD として，その右側のみ考慮する．また，各地点には H 単位の土地が存在していて，不在地主がそれを非弾力的に供給しているとする．都市内外での人口移動は考えず，閉鎖都市を想定する．

この都市の全住民は都心の CBD に通勤する必要があり，通勤して働くことで賃金所得 $y_{iJ}(\lambda)$ を得る．ここで，i は個人の生まれながらに属するグループ $(i \in \{m, c\})$ で，J は個人が帰属意識を持つグループ $(J \in \{m, c\})$ である．前節では少数派のみ考慮していたので，生まれながらに属するグループの表記は割愛し，$y_J(\lambda)$ と書いていたが，ここでは少数派と多数派の両方を考慮してその居住パターンを考察するため，生まれながらに属するグループと帰属意識を持つグループの両方を表記する必要がある．少数派グループ（m）の人々は帰属意識についての意思決定を行うので，その所得は $y_{mm}(\lambda)$ もしくは $y_{mc}(\lambda)$ となるが，多数派グループ（c）の人々は帰属意識についての意思決定を行わないので，その所得は $y_{cc}(\lambda)$ となる．

(3.1) 式より $y_{mc}(\lambda) = y_{cc}(\lambda) = \overline{y}_c(\lambda) = y_c(\lambda)$ および $y_{mm}(\lambda) = \overline{y}_m(\lambda) = y_m(\lambda)$ であること，および，

$$y_c(\lambda) > y_m(\lambda), \; \forall \lambda \in [0, 1] \text{ and } \forall \varepsilon \in (0, 1) \tag{3.7}$$

であることが分かる．

ここで，分析を簡素化するために，α が少数派に対しては二つの値し

かとらず，α_h もしくは α_l（$\alpha_h > \alpha_l$）であり，多数派に対しては $\alpha_c = 1$ という一つの値しかとらないとする[11]．The α_h を持つ確率を $\gamma \in (0, 1)$ で表し，対数の法則を仮定して，γ が α_h の人の割合をも表すとする．すると，ある α_k の人に対して $\Gamma(\lambda; \alpha_k) > 0$ が成り立てば，都市内で全ての α_k の人に対して同じ条件が成り立ち，その人達は社会的統合を選ぶことになる．従って，もし $\Gamma(1; \alpha_h) > 0$ かつ $\Gamma(1; \alpha_l) > 0$ であるならば，都市内の全ての少数派の人々が多数派の規範を受け入れる，統合的均衡が存在する．また，もし $\Gamma(0; \alpha_h) < 0$ かつ $\Gamma(0; \alpha_l) < 0$ ならば，都市内の全ての少数派の人々が多数派の規範を拒否する，対立的均衡が存在する．最後に，あとで詳しく議論するように，$\Gamma(\lambda; \alpha_h) > \Gamma(\lambda; \alpha_l)$ であり，かつここでは $\Gamma(\lambda; \alpha_k)$ が λ の増加関数の場合に注目するため，$\Gamma(\gamma; \alpha_h) \geq 0$ かつ $\Gamma(\gamma; \alpha_l) < 0$ ならば，$\lambda^* = \gamma$ であるような混合均衡が存在する[12]．

こうした簡素化を施したうえで，単一中心都市構造を導入する．z_{iJ} を価値基準財の消費量，h_{iJ} を土地（サービス）消費量とし，個人 iJ の予算制約が次のように与えられるとする．

$$y_{iJ}(\lambda) - tx = z_{iJ} + R(x)h_{iJ}. \tag{3.8}$$

$R(x)$ は都市内の CBD からの距離が x の地点の地代で，t は単位距離当たりの通勤費である．

効用関数 (3.4) 式は，これらの合成財消費と土地消費を含む形に拡張し，

---

[11] 多数派に対しても α が二つの値をとるとしても分析結果は変わらないので，記号の節約のために一つの値のみとるとしておく．

[12] $\Gamma(\gamma; \alpha_h) \geq 0$ かつ $\Gamma(\gamma; \alpha_l) < 0$ ではない場合にも混合均衡が生じる可能性はあるが，その場合は安定性を満たさないことを示すことができる．

$$U_{iJ}(\lambda;\alpha_k) = \alpha_k \left[A + a \ln z_{iJ} + (1-a) \ln h_{iJ} \right] - \delta \ln D_{iJ}(\lambda) + \sigma \ln \frac{\overline{y}_J(\lambda)}{\overline{y}(\lambda)}$$

$$(3.9)$$

のように定式化する. 少数派の人々に対しては $\alpha_k = \alpha_h$ もしくは $\alpha_k = \alpha_l$ で, 多数派の人々に対しては $\alpha_k = \alpha_c = 1$ である. $0 < a < 1$ は合成財への支出割合を表す定数で, 表記の簡素化のために $A = -[a \ln a + (1-a) \ln(1-a)]$ となるように基準化している. 各個人 iJ は予算制約 (3.8) 式の制約の下で効用 $U_{iJ}(\lambda)$ を h_{iJ} と z_{iJ} について最大化する. そこから導出される需要関数は

$$z_{iJ}(x,\lambda) = a(y_{iJ}(\lambda) - tx), \qquad h_{iJ}(x,\lambda) = (1-a)\frac{(y_{iJ}(\lambda) - tx)}{R(x)} \quad (3.10)$$

のようになる. これらの需要関数を効用関数に代入して得られる間接効用は次のようになる.

$$V_{iJ}(x,\lambda;\alpha_k) = \alpha_k \left[\ln(y_{iJ}(\lambda) - tx) - (1-a) \ln R(x) \right] - \delta \ln D_{iJ}(\lambda)$$
$$+ \sigma \ln \frac{\overline{y}_J(\lambda)}{\overline{y}(\lambda)}.$$

$$(3.11)$$

通常の単一中心都市モデルと同様, 都市住民は費用無しで都市内を引っ越せるとする. そのため, 均衡ではどの住民も移動の誘因がない (どこに住んでも同じ間接効用の値を得る) ことが要求される. そのため, 均衡では, α_k を持つタイプ mJ ($J \in \{m,c\}$) の人は全員について $V_{mJ}(x,\lambda;\alpha_k) = V_{mJ}(\lambda;\alpha_k)$ となり, タイプ c の人は全員について $V_{cc}(x,\lambda) = V_{cc}(\lambda)$ となる.

3.3.2　都市均衡

　均衡での立地パターンを決めるために，2.2.2 節で説明した付け値地代の概念を用いる．付け値地代とは，均衡での効用水準を達成するという条件下で，それぞれの立地点 x での土地消費に対して支払い可能な最大の地代のことである．(3.11) 式から，個人 iJ の付け値地代 $\Phi_{iJ}(x,\lambda)$ を得ることができる．

$$\Phi_{iJ}(x,\lambda;\alpha_k) =$$

$$\exp\left[\frac{\alpha_k \ln\left(y_{iJ}(\lambda) - tx\right) - \delta \ln D_{iJ}(\lambda) + \sigma \ln\left(\overline{y}_J(\lambda)/\overline{y}(\lambda)\right) - V_{iJ}(\lambda)}{\alpha_k(1-a)}\right].$$
$$(3.12)$$

この付け値地代 $\Phi_{iJ}(x,\lambda;\alpha_k)$ がどこにだれが住むかを決めることになる．$\overline{R}$ を都市外の農業地代とすると，ここでの市場地代 $R(x)$ は次のようになる．

$$R(x,\lambda) = \max\left[\Phi_{mm}(x,\lambda;\alpha_k), \Phi_{mc}(x,\lambda;\alpha_k), \Phi_{cc}(x,\lambda), \overline{R}\right]. \quad (3.13)$$

また，一般性を失うことなく $\overline{R} = 1$ とする．この中で，$\alpha_c = 1$ としたため，多数派の人々の付け値地代 $\Phi_{cc}(x,\lambda)$ には明示的に α_c が現れないことに注意されたい．都市の端の位置 $\bar{x}$ は人口制約

$$\int_0^{\bar{x}} \frac{H}{h_{iJ}(x,\lambda)} dx = 1 \qquad (3.14)$$

で決まる．$\Gamma_{mon}(\lambda;\alpha_k) \equiv V_{mc}(\lambda;\alpha_k) - V_{mm}(\lambda;\alpha_k)$ と置くと，均衡の条件は下記のように書くことができる．

定義 8

　(*i*) 統合的都市均衡（*An Assimilation Social Identity Urban Equilibrium*

(ASIUE)）：統合的都市均衡 (ASIUE) は，(3.11)，(3.13)，(3.14)，$\lambda^* = 1$, $\Gamma^*_{mon}(1; \alpha_k) > 0, \forall k$ を満たす $(V^*_{iJ}, R^*(x), \bar{x}^*, \lambda^*, \Gamma^*_{mon})$ である．

(ii) 対立的都市均衡（*An Oppositional Social Identity Urban Equilibrium (OSIUE)*）：対立的都市均衡 (OSIUE) は，(3.11)，(3.13)，(3.14)，$\lambda^* = 0$, $\Gamma^*_{mon}(0; \alpha_k) < 0, \forall k$ を満たす $(V^*_{iJ}, R^*(x), \bar{x}^*, \lambda^*, \Gamma^*_{mon})$ である．

(iii) 混合都市均衡（*A Mixed Social Identity Urban Equilibrium (MSIUE)*）：混合都市均衡 (MSIUE) は, (3.11)，(3.13)，(3.14)，$\lambda^* = \gamma$, $\Gamma^*(\gamma; \alpha_h) \geq 0$ かつ $\Gamma^*(\gamma; \alpha_l) < 0$ を満たす $(V^*_{iJ}, R^*(x), \bar{x}^*, \lambda^*, \Gamma^*_{mon})$ である．

この条件で用いられる $\Gamma_{mon}(\lambda; \alpha_k)$ を導出するには λ を所与としたときの土地均衡を求める必要がある．(3.12) 式より，CBD からの距離 x について，付け値地代の傾きを求めてみると，

$$\frac{\partial \Phi_{iJ}(x, \lambda; \alpha_k)}{\partial x} = -\frac{t\Phi_{iJ}(x, \lambda; \alpha_k)}{(1-a)(y_{iJ}(\lambda) - tx)} < 0$$

となることが確認できる．基本的な単一中心都市モデルと同様，ここでも，CBD からの距離は通勤負担を通じて人々に影響を及ぼす．均衡では，CBD から遠くに住む人は，重い通期負担の代わりに安い住宅費で暮らせる必要がある．そのために CBD から離れるほど付け値地代が低くなるのである．

命題 9　都市均衡においては，社会的に統合された少数派の人々の付け値地代と多数派の人々の付け値地代は同じになる．そのため，これらの 2 タイプの人々は同じエリアに混ざって住むことになる．多数派の規範を拒否した少数派の人々はそれよりも傾きが急な付け値地代をもち，より CBD に近いエリアに住むことになる．

　少数派の人々は，社会的に統合されれば，所得の面では多数派の人々と同じ状況になる．そのため，土地消費や付け値地代も多数派の人々と同じになり，両社は同じエリアに混在することになる．こうした人々は多数派の規範を拒否した少数派の人々に比べて高い所得を得て，広い土地を消費するため，付け値地代の傾きが緩やかになるのである．この様子は 2.2.4 節で示した付け値地代の性質 3 と同じである．

　こうした付け値地代の様子により都市均衡として三つの可能性が考えられる．図 3–4 はそれを図示したものである．

図 3–4　都市均衡

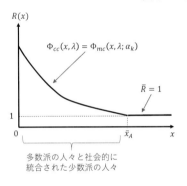

(a) ASIUE

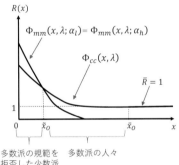

(b) OSIUE

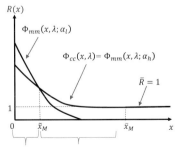

(c) MSIUE

図 3–4(a) は統合的都市均衡（ASIUE）の様子を示している．この均衡
では，全ての少数派の人々が社会的に統合され，多数派の人々と同じ
付け値地代曲線を持つ．結果として，全ての人々が混ざって住むこと
になり，地理的な分離居住は生じない．図 3–4(b) は対立的都市均衡
（OSIUE）を示している．この均衡では，少数派の人々全員が多数派の
規範を拒否し，結果として，少数派の人々が都心部に，多数派の人々
が郊外に住むという分離居住が生じる．最後に，図 3–4(c) は混合都市
均衡（MSIUE）を示している．この場合，$1-\gamma$ の割合の少数派の人々
が多数派の規範を拒否して都心近くに住み，郊外には社会的に統合さ
れた少数派の人々と多数派の人々が混ざって住む．部分的に分離居住
が生じるのである．

　以上の都市均衡の可能性を踏まえて，帰属意識の意思決定をみてい
こう．鍵になるのは $\Gamma_{mon}(\lambda; \alpha_k) = V_{mc}(\lambda; \alpha_k) - V_{mm}(\lambda; \alpha_k)$ である．補
論 B で実際にそれぞれの都市均衡における内生変数の値を導出してい
るが，その値を (5.5) 式に代入することで，$\Gamma_{mon}(\lambda; \alpha_k)$ が次のように
なることを確認できる．

$$\Gamma_{mon}(\lambda; \alpha_k) = V_{mc}(\lambda; \alpha_k) - V_{mm}(\lambda; \alpha_k) \tag{3.15}$$

$$= \alpha_k \ln\left(\frac{y_c(\lambda) - t\tilde{x}}{y_m(\lambda) - t\tilde{x}}\right) + \sigma \ln\frac{y_c(\lambda)}{y_m(\lambda)} - \delta \ln D_{mc}(\lambda).$$

　ただし，(5.4) 式からわかるように，$\tilde{x}$ は λ に依存し，また，$y_c(\lambda)$ は
λ の増加関数，$y_m(\lambda)$ は λ の減少関数である．そのため，λ が相対純所
得 $\ln\left(\frac{y_c(\lambda) - t\tilde{x}}{y_m(\lambda) - t\tilde{x}}\right)$ をどのように変化させるかは不明である．そこで，λ
の効果は所得に及ぼすものの方が通勤に及ぼす影響よりも大きいと仮
定し，$y_m(\lambda) - t\tilde{x}$ が λ の減少関数であると仮定する．この仮定の下では

$$\frac{\partial \Gamma_{mon}(\lambda; \alpha_k)}{\partial \lambda} > 0$$

となる．$\Gamma_{mon}(\lambda;\alpha_k)$ は α_k が大きいほど大きいため，$\Gamma_{mon}(\lambda;\alpha_h) > \Gamma_{mon}(\lambda;\alpha_l)$ であることに注意し，上の仮定の下で $\Gamma_{mon}(\lambda;\alpha_k)$ を吟味すると次の命題を得る．

命題 10

- (i) もし (a) $\Gamma_{mon}(1;\alpha_l) > 0$ ならば，統合的都市均衡が存在して，少数派の人々と多数派の人々が混ざって住む，統合居住が生じる（図 3–4(a)）．
- (ii) もし (b) $\Gamma_{mon}(0;\alpha_h) < 0$ ならば，分離都市均衡が存在して，少数派の人々が都心近くに，多数派の人々が郊外に住む，分離居住が生じる（図 3–4(b)）．
- (iii) もし (c) $\Gamma_{mon}(\gamma;\alpha_h) \geq 0$ かつ $\Gamma_{mon}(\gamma;\alpha_l) < 0$ ならば，混合都市均衡が存在して，多数派の規範を拒否した少数派の人々が都心近くに，社会的に統合された少数派の人々と多数派の人々が混ざって郊外に住む，部分的な分離居住が生じる（図 3–4(c)）．
- (iv) もし (a)，(b)，(c) のうち少なくとも二つが同時に成り立つならば，複数均衡の可能性が生じる．

　この命題は，均衡の条件を示している[13]．この時，複数均衡が存在する場合に，どの均衡が望ましいのかは明らかではない．実際，多数派の規範を受け入れるかどうかは，少数派，多数派問わず，所得だけでなく認知的距離や都市構造にも影響する．そのため，少数派の人々が社会的に統合されても，それにより通勤負担が上がったり，文化的違いが大きすぎて認知的距離の不効用が大きく上がったりすると，かえって人々の効用を下げる可能性もある．統合居住と分離居住のどちらが望ましいのかは評価が難しいのである．この点は 3.3.4 節で改めて

---

[13] ただし，ここで示した均衡が唯一かどうかはこれだけでは言えない．均衡の唯一性を担保する十分条件については Sato and Zenou [39] を参照されたい．

議論する.

3.3.3　都市構造の影響

　都市構造が均衡の条件に及ぼす影響についてもう少し分析してみよう. 特に, ASIUE と OSIUE への影響について調べてみる. MSIUE への影響は複雑で, 明確な結果を得られないため, 他の二つへの影響についてのみ述べる. そのために, 通勤費用を表す t と土地供給を表す H の変化が $\Gamma_{mon}(1;\alpha_k)$ と $\Gamma_{mon}(0;\alpha_k)$ をどう変化させるのかを調べると, $\Gamma_{mon}(1;\alpha_k)$ は影響を受けず, $\Gamma_{mon}(0;\alpha_k)$ は t の増加もしくは H の減少により増加することがわかる. 従って, 均衡への t と H の影響は次の命題のようになる.

命題 11　通勤費用を表す t と土地供給を表す H の変化は統合的都市均衡 (*ASIUE*) には影響しない. 一方で, t の減少もしくは H の増加は, 対立的都市均衡 (*OSIUE*) を生じやすくする.

　通勤負担 t が減ると人々の可処分所得が増える. また, 土地供給 H が増えると, 人々はより広い土地を消費できるようにある. どちらも社会的統合による効用上昇効果を薄めるため, 少数派の人々の社会的統合の誘因を引き下げ, 対立的都市均衡が生じやすくなるのである.

3.3.4　厚生への影響

　命題 10 より, 複数均衡の可能性があることがわかるが, こうした場合に, どの均衡が望ましいのかについてもう少し検討してみよう. 図 3–4 でみたように, ASIUE では全員が混ざって住む一方で, OSIUE や MSIUE では, 少なくとも一部の少数派の人々が分離して住むことになる. こうした異なる都市構造をもたらす均衡を評価するために地代に注目しよう. ここでは不在地主を想定しているが, 本質的には地代は

社会の誰かの収入になり，その総額は都市への評価を表しているとも言える．そこで，地代総額を比較することで，均衡のある種の望ましさを議論することができる．

　都市内の地代総額 TLR は地代に土地供給 H をかけて足し合わせて求めることができる．その TLR を均衡間で比較したのが次の命題である．

命題 12　統合的都市均衡（*ASIUE*）の方が分離都市均衡（*OSIUE*）よりも地代総額が多くなる（$TLR_A > TLR_O$）．さらに，統合的都市均衡（*ASIUE*）の方が混合都市均衡（*MSIUE*）よりも地代総額が多くなる（$TLR_A > TLR_M$）．

　つまり，何らかの分離居住が生じている場合よりも，皆が社会的に統合され，統合居住が成立しているときの方が地代総額が高くなるのである．このことは，ASIUE の下での方が，他の均衡の下でよりも総所得が多くなることの裏返しとして成立している．特に，少数派の人々は，社会的に統合された方が高い所得を実現できるため，ASIUE の下でより高い地代を支払えるようになるのである．ただし，MSIUE と OSIUE との比較は明確な結論を得られない．というのは，MSIUE の下での方が，OSIUE の下でよりも社会的に統合された少数派の人々の所得は高くなるが，多数派の規範を拒否した人々の所得は低くなり，全体として所得がどうなるのかは明らかではないためである．

　さらに，数値解析を行った結果，t の下落および H の上昇は，全ての個人にとって，OSIUE の下と ASIUE の下とで比べたときの相対効用を下げるという結果を得た．命題 11 および 12 とこの結果は，t の下落や H の増加をもたらすような，交通インフラの整備や都市開発が，社会的統合をより望ましくする一方で，分離居住および分離都市均衡を誘発してしまう可能性があることを示している．

第4章　共生の場としての都市

　前節の分析で，社会的統合と都市のあり方が密接に関わり得ること
を確認したが，そこでは，多数派の意思決定は割愛されていた．これ
は分析の簡素化のためであったが，実際には，多数派が少数派を受け
入れるかも極めて重要である．特に，伝統的に移民を多く受け入れて
きた国で，ネイティブと移民との軋轢は長年問題視され，移民の社会
的統合の実現が議論されてきたが，そこではネイティブの移民に対す
る姿勢も大きな役割を果たす (Itoh et al [28])．そこで，本節では，多
数派と少数派両方の意思決定を考慮し，それらと都市の要素との関係
を分析した Matsuyama et al. [33] の結果を紹介しよう．

4.1　モデルの設定

　ここでは，再び二つのグループ，多数派 (グループ c) と少数派 (グ
ループ m) がいる都市を想定する．都市の総人口は N で，それぞれの
グループの割合を μ_i $(i \in \{c, m\})$ で表す．そのため，$\mu_c + \mu_m = 1$ およ
び $\mu_c > \mu_m$ を仮定する．後者は多数派の方が少数派よりも多い必要が
ある，という仮定である．グループ i の個人は，自身の他グループ l に
対する姿勢により，交流する人の数が異なり，それを M_{il} で表す．も
し，その人が他のグループの文化や規範を受け入れるのであれば，そ
の人は，自身のグループおよび，他グループの（一部の）人々と交流
できる．ここで，一部，というのは，他のグループの人々と交流する
場合，その人々も自身と異なる文化を受け入れる姿勢を持つ必要があ

るためである．つまり，異文化との交流が，双方向に受け入れる姿勢
を持つ場合にのみ可能である，と仮定するのである．他グループの文
化や規範を受け入れて，交流することを選んだ場合を $l=a$ で，拒否し
て自分のグループの人とのみ交流することを選んだ場合を $l=r$ と表記
する．グループ i の中で他グループの文化や規範を受け入れた人の割
合を λ_i と書くと，M_{il} は次のように書ける．

$$M_{ia} = \left(\mu_i + \lambda_j \mu_j\right) N, \qquad i \neq j, \qquad i \in \{c, m\}, \qquad j \in \{c, m\}, \quad (4.1)$$

$$M_{ir} = \mu_i N.$$

つまり，グループ i の人は常に自分のグループの人と交流するため，最
低 $\mu_i N$ 人とは交流する．それに加えて，他グループの文化を受け入れ
れば，$\lambda_j \mu_j N$ 人と交流することになる．

4.1.1　交流の便益

　個人は熟練の度合いが異なり，高い教育を受けた高熟練（s）の人と，
そうでない低熟練（u）の人に分かれるとする．グループ i の高熟練の
人の割合は ρ_{is} で低熟練の人の割合は ρ_{iu}（$= 1 - \rho_{is}$）であるとする．都
市内では，$l \in \{a, u\}$ を選んだグループ $i \in \{c, m\}$ の熟練 $k \in \{s, u\}$ の人
の交流からの便益を y_{ikl}，その費用を d_{ikl} と書いたときに，効用水準
が次のように決まるとする．

$$u_{ikl} = y_{ikl} - x d_{ikl}.$$

この便益 y_{ikl} は人との交流から生じる様々な便益を集約したもので，
次の式で決まるとする．

$$y_{ikl} = \sigma_{ik} M_{il}.$$

ここでは，より多くの人と交流できるほど便益が多くなると考えてお
り，また，その人数との関係が線形であるとしている．交流する人が

多くなるほど便益が多くなるという関係は，都市における集積の経済
を反映している．その関係を線形で表現しているのは，後の分析を明
確にするためである．実際，分析結果が y_{ikl} と d_{ikl} の相対的な変化率
に依存するため，集積の経済の効果を一次近似して y_{ikl} のように定式
化し，それに対する d_{ikl} の変化のあり方で結果を整理していく．また，
σ_{ik} は熟練の便益への効果を表すパラメタであり，$\sigma_{is} > \sigma_{iu} > 0$ とする．
これは，高熟練の人の方がより集積の経済を享受できると考えられる
ためである．

4.1.2　交流の費用

　さらに，各個人は，交流のための費用への選好において異なってお
り，それを x で表している．x が低い個人は他の人との交流が苦にな
らず，大して費用と感じないが，x が高い人は交流が苦手で，大きな
負担と感じてしまう．x は $[0, 1]$ 上に一様に分布していて，熟練度の水
準やグループとは独立であるとする．

　交流のための費用 d_{ikl} は次の式で与えられる．

$$d_{ikl} = \tau_{ik} d(\lambda_j \mu_j N), \qquad i \neq j.$$

$d(\cdot)$ は 2 回連続微分可能な関数で，自分と異なる文化や規範を持つ人
と交流する際の費用を表している．ここでは，自分と同じグループの
人と交流する費用はかからないとしている（その費用をゼロに基準化
している）．その一方，他のグループの人と交流する際には費用が掛か
り，その費用は文化的な摩擦や Shayo [41] の認知的距離も含んでいる．
この点で，ここでのモデルもアイデンティティ選択のモデルに関係し
ており，他のグループと交流するということが，ある意味都市に住む
人として共通のアイデンティティを持つことにもつながる，と考える
こともできる．グループ i の人にとって，他のグループの人とも交流
するときには $\lambda_j \mu_j N$ 人と交流することになる．この人数が，文化的

摩擦や認知的距離に直面する頻度の代理変数とみなすことができるため，$d(\cdot)$ は $d'(\cdot) > 0$ および $d(0) = 0$ と仮定する．τ_{ik} (> 0) はグループおよび熟練により異なるパラメタで，交流の費用の重要度を表している．また，$0 < \tau_{is} < \tau_{iu}$ を仮定する．これは，熟練度の高い人の方が費用を重視しないことを示している．もし $d''(\cdot) > 0$ なら，交流の限界費用は逓増し，$d''(\cdot) < 0$ なら限界費用が逓減し，$d''(\cdot) = 0$ なら限界費用は一定になる．

各個人は，次の条件が満たされるとき，他のグループの文化や規範を受け入れ，グループをまたいだ交流を行う．

$$u_{ika} > u_{ikr}.$$

これを書き直すと

$$\sigma_{ik}(M_{ia} - M_{ir}) - x\tau_{ik}d\left(\lambda_j \mu_j N\right) > 0$$

のようになり，これより，受け入れるかどうかの閾値 x_{ik}^* を次のように導出できる．

$$x_{ik}^* = \frac{\sigma_{ik}\lambda_j \mu_j N}{\tau_{ik}d\left(\lambda_j \mu_j N\right)}. \tag{4.2}$$

x_{ik}^* より低い x の人は他グループを受け入れ，それより高い x の人は拒否することになる．x は $[0, 1]$ 上に一様に分布しているので，グループ i の熟練 k の中で他グループを受け入れる人の割合は $\lambda_{ik} = x_{ik}^*$ で与えられる．均衡では，全ての i および k について $\lambda_{ik} = x_{ik}^*$ が成り立たなければならない．

定義 13 均衡は $\lambda_{cs}^* = x_{cs}^*$，$\lambda_{cu}^* = x_{cu}^*$，$\lambda_{ms}^* = x_{ms}^*$，および $\lambda_{mu}^* = x_{mu}^*$ を満たす $(\lambda_{cs}^*, \lambda_{cu}^*, \lambda_{ms}^*, \lambda_{mu}^*)$ である．

4.2　均衡

グループ i 全体の他グループと交流する人の割合は，熟練度の異なる人達の割合の加重平均になっており，

$$\lambda_i = \rho_{is}\lambda_{is} + \rho_{iu}\lambda_{iu}$$

で決まる．これに $\lambda_{ik} = x_{ik}^*$ と (4.2) 式を代入すると，

$$\lambda_i = \Psi_i \equiv \frac{\Theta_i \lambda_j \mu_j N}{d\left(\lambda_j \mu_j N\right)} \tag{4.3}$$

を得る．ここで，Θ_i は次のように定義される．

$$\Theta_i \equiv \frac{\rho_{is}\sigma_{is}}{\tau_{is}} + \frac{\rho_{iu}\sigma_{iu}}{\tau_{iu}} > 0.$$

Θ_i はグループ i の熟練のあり方を集約したもので，$\sigma_{is} > \sigma_{iu}$ および $\tau_{is} < \tau_{iu}$ を仮定しているため，Θ_i は熟練度の高い人の割合 ρ_{is} とともに大きくなる．グループごとに λ_i を求めることができれば，熟練により異なる λ_{ik} は $\lambda_{ik} = x_{ik}^*$，(4.2) 式，および (4.3) 式を用いて次のように求めることができる．

$$\lambda_{ik} = \frac{\sigma_{ik}\lambda_i}{\tau_{ik}\Theta_i}. \tag{4.4}$$

これより，直ちに，熟練度の高い人の中で他グループと交流する人の割合は熟練度の低い人の中のその割合よりも高いことがわかる．

次の補題は Ψ_i と λ_j との関係を調べたものである[14]．

---

[14] 補題や命題の証明は補論 C を参照されたい．

補題 14　$\lim_{\lambda_j \to 0}\Psi_i = \Theta_i/d'(0) > 0$ および　$\Psi_i|_{\lambda_j=1} = \Theta_i \mu_j N/d(\mu_j N) > 0$ が成立する．また，限界費用逓増の場合，Ψ_i は λ_j の減少関数で，限界費用逓減の場合，増加関数になる．限界費用一定の場合，Ψ_i は λ_j に依存しない．

図 4–1　均衡

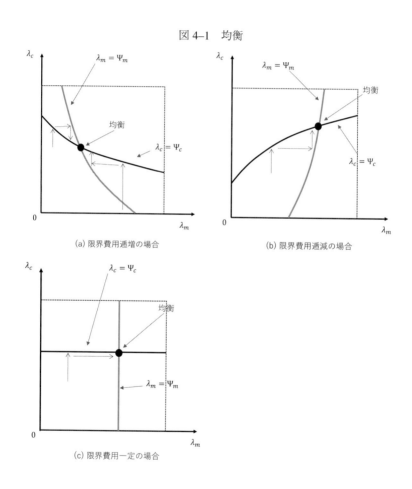

この補題を踏まえて，均衡を描いたのが図 4–1 である．濃い線が $\lambda_c = \Psi_c$ を，薄い線が $\lambda_m = \Psi_m$ を，それらの交点が均衡を表している．

ここで，安定性の条件を導入する．ここでの安定性は，均衡からわず
かに逸脱が生じたときに，元に戻る誘因が生じることを要求する．こ
の図の上では均衡において，$\lambda_m = \Psi_m$ の接線の傾きが $\lambda_c = \Psi_c$ の接線
の傾きよりも急になっていればこの条件は満たされる．式の上では

$$\left| \frac{\partial \Psi_c}{\partial \lambda_m} \right| \left| \frac{\partial \Psi_m}{\partial \lambda_c} \right| < 1 \tag{4.5}$$

が均衡で成り立っていればよい．図 4–1 の均衡は全てこの条件を満た
している（矢印が均衡から外れたときの誘因の方向を示している）．補
題 14 と図 4–1 より，次の命題を得ることができる．

命題 15 内点解を持つ安定均衡が存在する十分条件は次で与えられる．

$$\max \left[\frac{\Theta_i}{d'(0)}, \frac{\Theta_i \mu_j N}{d(\mu_j N)} \right] < 1, \forall i.$$

以下では内点解を持つ安定均衡を分析対象とする[15].

4.3 分析

4.3.1 都市規模の影響

まず，都市規模 N の変化の効果から検証してみよう．(4.3) 式より，
次を得る．

$$\frac{\partial \Psi_i}{\partial N} = \frac{\Theta_i \lambda_j \mu_j}{d(\lambda_j \mu_j N)^2} \left(d(\lambda_j \mu_j N) - \lambda_j \mu_j N d'(\lambda_j \mu_j N) \right). \tag{4.6}$$

これより，限界費用逓増の場合，$\lambda_c = \Psi_c$ および $\lambda_m = \Psi_m$ 曲線は先ほ
どの図において，内側にシフトすることになる．この様子は図 4–2(a)

---

[15] 内点解を持つ安定均衡は一つとは限らず，複数均衡の可能性もある．

図 4–2　都市規模 N の影響

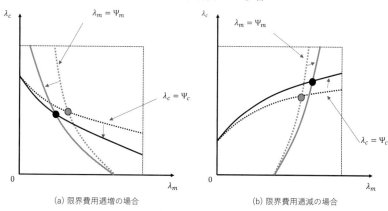

(a) 限界費用逓増の場合　　　(b) 限界費用逓減の場合

に描かれている．変化前が点線，変化後が実線である．一方，限界費用逓減の場合，これらの曲線は外側にシフトし，図 4–2(b) のように変化する．なお，限界費用一定の場合，変化しないため，図は割愛してある．

　これをまとめたのが次の命題である．

命題 16　都市規模 N が大きくなると，限界費用逓減の場合，$\partial \lambda_i^* / \partial N > 0$，$\forall i$，となる，つまり，両グループの他グループと交流する人の割合が高くなる．限界費用逓増の場合，少なくとも片方のグループについて $\partial \lambda_i^* / \partial N < 0$ となる，つまり，少なくとも片方のグループの他グループと交流する人の割合が低下する．限界費用一定の場合，影響はない．

　都市規模 N が大きくなると，集積の経済の効果が大きくなる．これはどのグループのどの熟練度の人にも，他グループと交流する誘因をもたらす．しかし，同時に，交流のための費用も上昇する．限界費用逓減の場合，交流のための総費用は上昇するものの，費用上昇は一単位の交流当たりでみると減少していくため，集積の経済の効果が支配

的になり，どちらのグループでも他グループの文化を受け入れ，交流
しようとする人の割合が高くなるのである．移民との関係で述べると，
ネイティブの人々は移民を受け入れ，移民は移住先の社会に溶け込も
うとするのである．こうした傾向が大都市ほど増す，という結果は，い
わゆるゲートウェイシティが世界中で見られることを説明できる可能
性がある．限界費用逓増の場合，交流一単位当たり費用も増加するた
め，費用増加の効果が集積の経済の効果を上回ってしまい，少なくと
も片方のグループで，他グループと交流する人の割合が減ってしまう
のである．この効果が十分大きく，例えば，グループ i の中で，グルー
プ j と交流する人の割合が大幅に減ってしまうと，グループ j の交流
費用も大幅に減り，グループ j の人はより他グループと交流するよう
になる可能性があり，必ずしも両グループで λ_i^* が下がるとは限らない
ことに注意されたい．なお，限界費用一定の場合，都市規模は λ_i^* には
影響しない．

4.3.2　少数派のグループ規模の影響

　次に，少数派のグループ規模 μ_m（都市規模は一定のまま，相対的
に少数派が増えたらどうなるか）の影響を分析してみよう．(4.3) 式よ
り，次を得る．

$$\frac{\partial \Psi_c}{\partial \mu_m} = \frac{\Theta_c \lambda_m N}{d\left(\lambda_m \mu_m N\right)^2}\left(d\left(\lambda_m \mu_m N\right) - \lambda_m \mu_m N d'\left(\lambda_m \mu_m N\right)\right), \qquad (4.7)$$

$$\frac{\partial \Psi_m}{\partial \mu_m} = -\frac{\Theta_m \lambda_c \mu_c}{d\left(\lambda_c \mu_c N\right)^2}\left(d\left(\lambda_c \mu_c N\right) - \lambda_c \mu_c N d'\left(\lambda_c \mu_c N\right)\right).$$

そのため，μ_m の上昇により，限界費用逓増の場合，図 4–3(a) のよう
に，$\lambda_c = \Psi_c$ 曲線は内側に，$\lambda_m = \Psi_m$ 曲線は外側にシフトし，限界費用
逓減の場合，図 4–3(b) のように，$\lambda_c = \Psi_c$ 曲線は外側に，$\lambda_m = \Psi_m$ 曲
線は内側にシフトする．なお，限界費用一定の場合，両曲線は変化し
ないため，割愛してある．

図4–3　少数派グループ規模 μ_m の影響

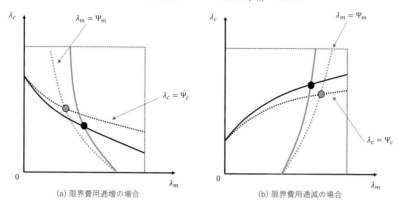

(a) 限界費用逓増の場合　　　(b) 限界費用逓減の場合

　この影響をまとめたのが次の命題である.

命題17　少数派のグループ規模 μ_m が大きくなると，限界費用逓増の
場合，$\partial \lambda_c^* / \partial \mu_m < 0$ および $\partial \lambda_m^* / \partial \mu_m > 0$ となる，つまり，多数派の他
グループと交流する人の割合が減り，少数派の他グループと交流する
人の割合は増える．限界費用逓減の場合，結果は不明瞭である．限界
費用一定の場合，影響はない．

　限界費用逓増の場合，少数派のグループ規模 μ_m が大きくなること
で，多数派にとっては交流費用増加が集積の経済の効果増加を上回り，
交流する意欲を削いでしまう．一方，少数派にとっては，多数派グルー
プの規模が相対的に小さくなることを意味するため，交流費用減少の
効果が集積の経済の効果減少を上回り，交流する意欲を促進すること
になる．限界費用逓減の場合，少数派のグループ規模 μ_m が大きくな
ると，多数派にとっては集積の経済の効果増加が交流費用増加を上回
るものの，少数派にとっては集積の経済の効果減少が交流費用減少を
上回ってしまう．この場合，μ_m により直接各グループに及ぶ影響と，

μ_m が相手グループの行動を変化させ，そこから及ぶ間接的な影響とが相反する方向に作用するため，どちらのグループについても影響は不明瞭になってしまう．図 4–3(b) では λ_m は減り，λ_c は増える場合を描いているが，曲線の変化の程度により，λ_m が増える場合も λ_c が減る場合もあり得る．

4.3.3 少数派グループの熟練の影響

さらに，少数派グループの熟練の影響も調べてみよう．ここでは，少数派の熟練度が高い人の割合が増え，Θ_m が上昇したとしてみよう．再び (4.3) 式より，次を得る．

$$\frac{\partial \Psi_c}{\partial \Theta_m} = 0, \tag{4.8}$$

$$\frac{\partial \Psi_m}{\partial \Theta_m} = \frac{\lambda_c \mu_c N}{d\,(\lambda_c \mu_c N)} > 0.$$

この変化は図 4–4 に描かれており，その結果をまとめたのが次の命題である．

命題 18　Θ_m が上昇すると，常に $\partial \lambda_m^*/\partial \Theta_m > 0$ となる，つまり，少数派グループの中で多数派と交流する人の割合は必ず上昇する．一方で，多数派への影響は場合により異なる．限界費用逓増の場合，$\partial \lambda_c^*/\partial \Theta_m < 0$，つまり，多数派グループの中で少数派と交流する人の割合は減る．限界費用逓減の場合，$\partial \lambda_c^*/\partial \Theta_m > 0$，つまり，少数派と交流する人の割合は増える．限界費用一定の場合，$\partial \lambda_c^*/\partial \Theta_m = 0$，つまり，影響しない．

Θ_m が上昇するということは，少数派で熟練度が高い人が受ける集積の経済の恩恵が大きくなる (つまり，σ_{ms}/τ_{ms} が σ_{mu}/τ_{mu} よりも相対的に大きくなる)，もしくは少数派グループの熟練度の高い人の割合が上昇する (つまり，ρ_{ms} が大きくなる) かのどちらかが生じている．そ

図 4-4　少数派グループの熟練の影響

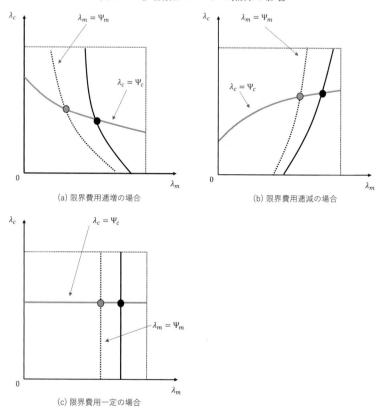

(a) 限界費用逓増の場合

(b) 限界費用逓減の場合

(c) 限界費用一定の場合

のため，Θ_m の上昇は，少数派グループの中で多数派と交流する人の割合を必ず引き上げることになる．しかし，Ψ_c は変化しないため，均衡は $\lambda_c = \Psi_c$ 曲線に沿って変化することになる．そのため，限界費用逓増の場合は多数派の λ_c^* を引き下げ，限界費用逓減の場合は引き上げ，限界費用一定の場合は影響しないのである．

4.3.4　均衡の効率性

最後に，ここまで見てきた多数派と少数派の意思決定が効率的かを，平均効用を社会厚生の基準として採用して調べてみよう．平均効用は

$$W = \sum_{i \in \{c,m\}} \mu_i \sum_{k \in \{s,u\}} \rho_{ik} \left(\int_0^{\lambda_{ik}} u_{ika}dx + \int_{\lambda_{ik}}^1 u_{iku}dx \right)$$

で与えられるため，この W を λ_{ik} で微分し，その導関数の値を均衡で評価することで，効率性を吟味する．もし評価した導関数の値が正であれば，均衡での λ_{ik} の値は小さすぎるし，もし負であれば，均衡での λ_{ik} は大きすぎることになる．これを調べた結果が次の命題である．

命題 19　他グループと交流する人の均衡での割合は，限界費用逓減の場合と限界費用一定の場合，最適な水準と比べて小さすぎる．限界費用逓増の場合，効率性は不明である．

　$d(\cdot)$ を特定化しなければ，限界費用逓増の場合について明確な結論を得られないが，もし $d(\cdot)$ を $d(z)=z^\alpha$，$\alpha>1$，のように特定化すれば次の補題を得る．

補題 20　$d(z)=z^\alpha$，$\alpha>1$ のように特定化する．この時，限界費用逓増の場合，他グループと交流する人の均衡での割合は，最適な水準と比べて，$\alpha<2$ ならば小さすぎる．$\alpha=2$ ならば最適な水準と一致し，$\alpha>2$ ならば大きすぎる．

　各グループの意思決定 $\lambda_{ik}^*=x_{ik}^*$ は，自分のグループの平均効用は最大化している．しかし，自分達の行動が他グループの平均効用に及ぼす影響は考慮しない．λ_{ik} の上昇が，他のグループの交流費用を大幅に上げない限り，それは他のグループに正の外部性をもたらす．そのた

め，限界費用逓減および限界費用一定の場合，均衡での λ_{ik} は過小になってしまうのである．また，限界費用逓増の場合でも，補題20で示したように，逓増の度合いがさほど大きくなければ，全体としては正の外部性が生じて，均衡での λ_{ik} は過小になり，逓増の度合いが増していくと，負の外部性に転じて均衡での λ_{ik} は過大になるのである．

第5章 おわりに

　本書では，都市という要素に注目し，多様な人々の社会的統合の問題をアイデンティティ経済学の観点から分析した．都市の要素としては，多様な人材の集中からの集積の経済と住宅市場を考慮し，地域のコミュニティに溶け込もうとするかどうかを帰属意識の意思決定として扱った．分析に用いた枠組みは二つである．まず，集積の経済と都市空間を明示的に扱い，少数派の人々が多数派のコミュニティに溶け込もうとするかを定式化した枠組みである．この枠組みの下での分析の結果，社会的統合が実現する均衡としない均衡が同時に存在し得る，いわゆる複数均衡の可能性が示された．また，都市構造が社会的統合の実現に大きく影響し得ることも分かった．そして，次に，都市構造は簡略化し，その代わりに多数派が少数派を受け入れるかも同時に考慮した枠組みである．そこでは，地域コミュニティで自身と異なる文化や背景を持つ人々と交流する費用のあり方により，社会的統合が最適な水準と乖離し得ることが示された．

　いずれの枠組みもそれ単体で全ての要素を考慮できているわけではない．むしろ，大胆な簡略化を行い，最初の一歩として考案したものである．より細やかな要素を加味し，現実に近い枠組みを構築していくべきであろう．また，後者の枠組みを用いた分析では，交流のための費用のあり方が結果を大きく左右することが分かったが，そのあり方を規定する，より根源的な要因は何か，そして，現実にはどの場合が観察されているのかを検証する必要がある．こうした研究を進めていくためには，本書で展開した理論分析だけでは限界があると考えられる．

必要に応じて認知心理学など他分野の知見を参照し，例えば European Social Survey の Immigration Module など移民に関する調査を用いた実証分析を進めていきたい．

補論

補論 A．3章の補題や命題の証明

補題 1 の証明: 所得は (3.1) 式で定義されているように

$$y_m(\lambda) = f\left((1-\lambda)\,\mu + \varepsilon\,(\lambda\mu + 1 - \mu)\right),$$

$$y_c(\lambda) = f\left(\lambda\mu + 1 - \mu + \varepsilon\,(1-\lambda)\,\mu\right),$$

で与えられる．ここで，$N_c \equiv \lambda\mu + 1 - \mu + \varepsilon\,(1-\lambda)\,\mu$ および $N_m \equiv (1-\lambda)\,\mu + \varepsilon\,(\lambda\mu + 1 - \mu)$ とおき，$f'(.) > 0,\quad f''(.) < 0,\quad 0 < \mu < 1/2,$ $0 \le \varepsilon \le 1$ であることに注意すると，次の結果を得る．
(i)

$$y_c(0) = f\left(1 - \mu\,(1-\varepsilon)\right) > f\left(\varepsilon + \mu\,(1-\varepsilon)\right) = y_m(0),$$

$$y_c(1) = f\,(1) > f\,(\varepsilon) = y_m(1).$$

また，$\varepsilon \in (0, 1)$ に対して，(3.1) 式を微分して，次を得る．

$$\frac{\partial y_m(\lambda)}{\partial \lambda} = -f'\,(N_m)\,\mu\,(1-\varepsilon) < 0, \qquad \frac{\partial^2 y_m(\lambda)}{\partial \lambda^2} = f''\,(N_m)\,\mu^2\,(1-\varepsilon)^2 < 0,$$

$$\frac{\partial y_c(\lambda)}{\partial \lambda} = f'\,(N_c)\,\mu\,(1-\varepsilon) > 0, \qquad \frac{\partial^2 y_c(\lambda)}{\partial \lambda^2} = f''\,(N_c)\,\mu^2\,(1-\varepsilon)^2 < 0.$$

最後に，次を得る．

$$\frac{\partial (y_c(\lambda)/y_m(\lambda))}{\partial \lambda} = \frac{f'(N_c)\,\mu\,(1-\varepsilon)\,y_m(\lambda) + f'(N_m)\,\mu\,(1-\varepsilon)\,y_c(\lambda)}{\left[y_m(\lambda)\right]^2} > 0.$$

(*ii*)

$$y_c(\lambda; \varepsilon = 0) = f(\lambda\mu + 1 - \mu) > f((1-\lambda)\mu) = y_m(\lambda; \varepsilon = 0),$$

$$y_c(\lambda; \varepsilon = 1) = f(1) = y_m(\lambda; \varepsilon = 1).$$

また $\varepsilon \in (0, 1)$ に対して，(3.1) 式を微分することで，次を得る．

$$\frac{\partial y_m(\lambda)}{\partial \varepsilon} = f'(N_m)\,(\lambda\mu + 1 - \mu) > 0, \quad \frac{\partial^2 y_m(\lambda)}{\partial \varepsilon^2} = f''(N_m)\,(\lambda\mu + 1 - \mu)^2 < 0,$$

$$\frac{\partial y_c(\lambda)}{\partial \varepsilon} = f'(N_c)\,(1-\lambda)\,\mu > 0, \qquad \frac{\partial^2 y_c(\lambda)}{\partial \varepsilon^2} = f''(N_c)\,(1-\lambda)^2\,\mu^2 < 0.$$

また，次も簡単に確認できる．

$$\frac{\partial (y_c(\lambda)/y_m(\lambda))}{\partial \varepsilon} =$$

$$\frac{f'(N_c)\,y_m(\lambda)\,[(1-\lambda)\,\mu] - f'(N_m)\,y_c(\lambda)\,(\lambda\mu + 1 - \mu)}{\left[y_m(\lambda)\right]^2}.$$

$f'(N_c) < f'(N_m)$ であるため，$y_m(\lambda) < y_c(\lambda), \forall \lambda \in [0, 1]$ であり，加えて $(1-\lambda)\,\mu < \lambda\mu + 1 - \mu$ であるため，$\partial (y_c(\lambda)/y_m(\lambda))/\partial \varepsilon < 0$ を得る．

(*iii*) (3.1) 式を微分して，次を得る．

$$\frac{\partial y_m(\lambda)}{\partial \mu} = f'(N_m)\,(1-\lambda)\,(1-\varepsilon) > 0,$$

$$\frac{\partial^2 y_m(\lambda)}{\partial \mu^2} = f''(N_m)\,(1-\lambda)^2\,(1-\varepsilon)^2 < 0,$$

$$\frac{\partial y_c(\lambda)}{\partial \mu} = -f'(N_c)(1-\lambda)(1-\varepsilon) < 0,$$

$$\frac{\partial^2 y_c(\lambda)}{\partial \mu^2} = f''(N_c)(1-\lambda)^2(1-\varepsilon)^2 < 0.$$

さらに，次を得る.

$$\frac{\partial\,(y_c(\lambda)/y_m(\lambda))}{\partial \mu} =$$

$$\frac{-f'(N_c)(1-\lambda)(1-\varepsilon)\,y_m(\lambda) - f'(N_m)(1-\lambda)(1-\varepsilon)\,y_c(\lambda)}{\left[y_m(\lambda)\right]^2} < 0.$$

∎

補題 4 の証明：$\Gamma(\lambda;\alpha)$ は次のように定義される.

$$\Gamma(\lambda;\alpha) \equiv (\alpha+\sigma)\ln\frac{y_c(\lambda)}{y_m(\lambda)} - \delta\ln\frac{D_c(\lambda)}{D_m(\lambda)}$$

$$= (\alpha+\sigma)\ln\frac{f(N_c)}{f(N_m)} - \delta\ln d\,(P),$$

ただし，

$$N_c \equiv \lambda\mu + 1 - \mu + \varepsilon(1-\lambda)\mu,$$

$$N_m \equiv (1-\lambda)\mu + \varepsilon(\lambda\mu + 1 - \mu),$$

$$d\,(P) \equiv \frac{D_c(\lambda)}{D_m(\lambda)},\ ただし,\quad P \equiv \frac{1-\mu}{\lambda\mu + 1 - \mu}.$$

そのため，$\Gamma(\lambda;\alpha)$ を λ について微分することで，次を得る.

$$\frac{\partial\Gamma(\lambda;\alpha)}{\partial \lambda} = (\alpha+\sigma)(1-\varepsilon)\mu\left(\frac{f'(N_c)}{f(N_c)} + \frac{f'(N_m)}{f(N_m)}\right) + \frac{\delta\lambda d'(P)(1-\mu)}{d\,(P)(\lambda\mu+1-\mu)^2} > 0,$$

$$\lim_{\mu \to 0} \frac{\partial \Gamma(\lambda; \alpha)}{\partial \lambda} = \frac{\delta \lambda d'(1)}{d(1)} = \frac{\delta \lambda}{\overline{d}} d'(1) = 0.$$

∎

命題 7 の証明：この命題の証明のために，まず，次の補題を証明する.

補題 21

(*i*) 少数派の人口割合 μ が高いほど，$\Gamma(0; \alpha)$ は低くなり，$\Gamma(1; \alpha)$ は高くなる（$\partial \Gamma(0; \alpha)/\partial \mu < 0$ かつ $\partial \Gamma(1; \alpha)/\partial \mu > 0$）.

(*ii*) 他グループとの交流可能性 ε が高いほど，$\Gamma(0; \alpha)$ および $\Gamma(1; \alpha)$ は低くなる（$\partial \Gamma(0; \alpha)/\partial \varepsilon < 0$ かつ $\partial \Gamma(1; \alpha)/\partial \varepsilon < 0$）. さらに，$\lim_{\varepsilon \to 1} \Gamma(0; \alpha) < 0$ かつ $\lim_{\varepsilon \to 1} \Gamma(1; \alpha) < 0$ となる.

補題 21 の証明：次の式を用いる.

$$\Gamma(0; \alpha) = (\alpha + \sigma) \ln \frac{f(1 - \mu + \varepsilon \mu)}{f(\mu + \varepsilon(1 - \mu))} - \delta \ln \overline{d},$$

$$\Gamma(1; \alpha) = (\alpha + \sigma) \ln \frac{f(1)}{f(\varepsilon)} - \delta \ln d(1 - \mu),$$

(*i*)：これらの式を μ について微分することで，次を得る.

$$\frac{\partial \Gamma(0; \alpha)}{\partial \mu} = -(\alpha + \sigma)(1 - \varepsilon) \left[\frac{f'(1 - \mu + \varepsilon \mu)}{f(1 - \mu + \varepsilon \mu)} + \frac{f'(\mu + \varepsilon(1 - \mu))}{f(\mu + \varepsilon(1 - \mu))} \right] < 0,$$

$$\frac{\partial \Gamma(1; \alpha)}{\partial \mu} = \frac{\delta d'(1 - \mu)}{d(1 - \mu)} > 0.$$

(ii): これらの式を ε について微分することで，次を得る.

$$\frac{\partial \Gamma(0;\alpha)}{\partial \varepsilon} = (\alpha+\sigma)\left[\frac{\mu f'(1-\mu+\varepsilon\mu)}{f(1-\mu+\varepsilon\mu)} - \frac{(1-\mu)\,f'(\mu+\varepsilon(1-\mu))}{f(\mu+\varepsilon(1-\mu))}\right] < 0,$$

$$\frac{\partial \Gamma(1;\alpha)}{\partial \varepsilon} = -(\alpha+\sigma)\frac{f'(\varepsilon)}{f(\varepsilon)} < 0.$$

上の式の不等式を示す際には $\mu < 1-\mu$, $\mu+\varepsilon(1-\mu) < 1-\mu+\varepsilon\mu$, $f(\mu+\varepsilon(1-\mu)) < f(1-\mu+\varepsilon\mu)$，$f'(1-\mu+\varepsilon\mu) < f'(\mu+\varepsilon(1-\mu))$ を用いた．さらに，極限をとることで，次を得る.

$$\lim_{\varepsilon \to 1} \Gamma(0;\alpha) = -\delta \ln \overline{d} < 0,$$

$$\lim_{\varepsilon \to 1} \Gamma(1;\alpha) = -\delta \ln d(1-\mu) < 0.$$

よって補題 **21** が成立する.

補題 4 および 21 より，命題 7 は成立する.

∎

命題 9 の証明：2.2.4 節で説明したように，付け値地代曲線の交点での傾きが急な経済主体が，都市の内側の CBD に近いところに立地することになる．(3.7) 式より，Φ_{mc} と Φ_{cc} との交点 ($\Phi_{mc}(\check{x},\lambda;\alpha_k) = \Phi_{cc}(\check{x},\lambda) \equiv \Phi(\check{x})$ となる $\check{x}$) では必ず，二つの付け値地代曲線の傾きは等しくなる.

$$\frac{\partial \Phi_{mc}(\check{x},\lambda;\alpha_k)}{\partial x} = -\frac{t\Phi(\check{x})}{(1-a)\left(y_c(\lambda)-t\check{x}\right)} = \frac{\partial \Phi_{cc}(\check{x},\lambda)}{\partial x}.$$

これは α_k の値によらず成立するので，社会的に統合された少数派の人々と多数派の人々は混ざって同じエリアに住むことになる．さらに，Φ_{mm} と Φ_{cc} との交点 ($\Phi_{mm}(\tilde{x},\lambda;\alpha_k) = \Phi_{cc}(\tilde{x},\lambda) = \Phi(\tilde{x})$ となる $\tilde{x}$) で

70

は，次が成り立つ．

$$\frac{\partial \Phi_{mm}(\tilde{x}, \lambda; \alpha_k)}{\partial x} = -\frac{t\Phi(\tilde{x})}{(1-a)(y_m(\lambda) - t\tilde{x})} < 0,$$

$$\frac{\partial \Phi_{cc}(\tilde{x}, \lambda)}{\partial x} = -\frac{t\Phi(\tilde{x})}{(1-a)(y_c(\lambda) - t\tilde{x})} < 0, \tag{5.1}$$

これと $y_c(\lambda) > y_m(\lambda)$ とを併せて考えると，次を得る．

$$\left|\frac{\partial \Phi_{mm}(\tilde{x}, \lambda; \alpha_k)}{\partial x}\right| > \left|\frac{\partial \Phi_{cc}(\tilde{x}, \lambda)}{\partial x}\right|.$$

従って，多数派の規範を拒否した少数派の人々の方が多数派の人々よりも都心に住むことがわかる．また，(5.1) より，多数派の規範を拒否した少数派の人について，α_k によらず同じエリアに住むことも分かる．

∎

命題 11 の証明

(3.11) 式を用いると，次を得ることができる．

$$\Gamma_{mon}(1; \alpha_k) = V_{mc}(1; \alpha_k) - V_{mm}(1; \alpha_k) \tag{5.2}$$

$$= (\alpha_k + \sigma)\ln\left(\frac{y_c(1)}{y_m(1)}\right) - \delta\ln d(1 - \mu).$$

同様にして，次を得ることができる．

$$\Gamma_{mon}(0; \alpha_k) = V_{mc}(0; \alpha_k) - V_{mm}(0; \alpha_k) \tag{5.3}$$

$$= \alpha_k \ln\left(\frac{y_c(0) - t\tilde{x}}{y_m(0) - t\tilde{x}}\right) + \sigma\ln\left(\frac{y_c(0)}{y_m(0)}\right) - \delta\ln\overline{d},$$

$$t\tilde{x}_m = \left\{1 - \left[\frac{H + (1-\mu)t}{H + t}\right]^{1-a}\right\}y_m(0).$$

$\Gamma_{mon}(1;\alpha_k)$ および $\Gamma_{mon}(0;\alpha_k)$ を t と H について微分して，次を得る.

$$\frac{\partial \Gamma_{mon}(1;\alpha_k)}{\partial t} = \frac{\partial \Gamma_{mon}(1;\alpha_k)}{\partial H} = 0,$$

$$\frac{\partial \Gamma_{mon}(0;\alpha_k)}{\partial t} = \frac{\alpha_k\,(y_c(0)-y_m(0))}{(y_m(0)-t\tilde{x})\,(y_c(0)-t\tilde{x})}\frac{\partial\,(t\tilde{x})}{\partial t} > 0,$$

$$\frac{\partial \Gamma_{mon}(0;\alpha_k)}{\partial H} = \frac{\alpha_k\,(y_c(0)-y_m(0))}{(y_m(0)-t\tilde{x})\,(y_c(0)-t\tilde{x})}\frac{\partial\,(t\tilde{x})}{\partial H} < 0.$$

∎

命題 12 の証明

ASIUE については，(3.12) 式と (5.4) を用いて，次のように解くことができる.

$$t\bar{x}_A = \left[1 - \left(\frac{H}{H+t}\right)^{1-a}\right] y_c(1),$$

$$R_A(x) = \begin{cases} \Phi_{cc}(x,1)\,(=\Phi_{mc}(x,1;\alpha_k)) & \text{if } x \in [0,\bar{x}_A] \\ 1 & \text{if } x \in (\bar{x}_A,\infty) \end{cases},$$

$$\Phi_{cc}(x,1) = \left(\frac{y_c(1)-tx}{y_c(1)-t\bar{x}_A}\right)^{1/(1-a)}.$$

同様に，OSIUE については下記を得る.

$$t\tilde{x}_O = \left\{1 - \left[\frac{H+(1-\mu)t}{H+t}\right]^{1-a}\right\} y_m(0),$$

$$t\bar{x}_O = y_c(0) - (y_c(0)-y_m(0))\left[\frac{H}{H+(1-\mu)t}\right]^{1-a}$$

$$- y_m(0)\left(\frac{H}{H+t}\right)^{1-a},$$

$$R_O(x) = \begin{cases} \Phi_{mm}(x,0;\alpha_k) & \text{if } x \in [0,\tilde{x}_O] \\ \Phi_{cc}(x,0) & \text{if } x \in (\tilde{x}_O,\bar{x}_O] \\ 1 & \text{if } x \in (\bar{x}_O,\infty) \end{cases},$$

$$\Phi_{cc}(x,0) = \left(\frac{y_c(0)-tx}{y_c(0)-t\bar{x}_O} \right)^{1/(1-a)},$$

$$\Phi_{mm}(x,0;\alpha_k) = \left(\frac{y_m(0)-tx}{y_m(0)-t\tilde{x}_O} \right)^{1/(1-a)} \left(\frac{y_c(0)-t\tilde{x}_O}{y_c(0)-t\bar{x}_O} \right)^{1/(1-a)}.$$

MSIUE については，以下のようになる．

$$t\tilde{x}_M = \left\{ 1 - \left[\frac{H+(\gamma\mu+1-\mu)t}{H+t} \right]^{1-a} \right\} y_m(\gamma),$$

$$t\bar{x}_M = y_c(\gamma) - (y_c(\gamma)-y_m(\gamma)) \left[\frac{H}{H+(\gamma\mu+1-\mu)t} \right]^{1-a}$$

$$- y_m(\gamma) \left(\frac{H}{H+t} \right)^{1-a},$$

$$R_M(x) = \begin{cases} \Phi_{mm}(x,\gamma;\alpha_l) & \text{if } x \in [0,\tilde{x}_M] \\ \Phi_{cc}(x,\gamma)\,(=\Phi_{mm}(x,\gamma;\alpha_h)) & \text{if } x \in (\tilde{x}_M,\bar{x}_M] \\ 1 & \text{if } x \in (\bar{x}_M,\infty) \end{cases},$$

$$\Phi_{cc}(x,\gamma) = \left(\frac{y_c(\gamma)-tx}{y_c(\gamma)-t\bar{x}_M} \right)^{1/(1-a)},$$

$$\Phi_{mm}(x,\gamma;\alpha_k) = \left(\frac{y_m(\gamma)-tx}{y_m(\gamma)-t\tilde{x}_M} \right)^{1/(1-a)} \left(\frac{y_c(\gamma)-t\tilde{x}_M}{y_c(\gamma)-t\bar{x}_M} \right)^{1/(1-a)}.$$

ここで，次のような関係式

$$\frac{H}{H+(1-\mu)t} > \frac{H}{H+(\gamma\mu+1-\mu)t} > \frac{H}{H+t},$$

に注意すると，

$$
t\bar{x}_O = \left\{ 1 - \left[\frac{H}{H+(1-\mu)t} \right]^{1-a} \right\} y_c(0)
$$

$$
+ \left\{ \left[\frac{H}{H+(1-\mu)t} \right]^{1-a} - \left(\frac{H}{H+t} \right)^{1-a} \right\} y_m(0)
$$

$$
< \left\{ 1 - \left[\frac{H}{H+(1-\mu)t} \right]^{1-a} \right\} y_c(0)
$$

$$
+ \left\{ \left[\frac{H}{H+(1-\mu)t} \right]^{1-a} - \left(\frac{H}{H+t} \right)^{1-a} \right\} y_c(0)
$$

$$
= \left[1 - \left(\frac{H}{H+t} \right)^{1-a} \right] y_c(0)
$$

$$
< \left[1 - \left(\frac{H}{H+t} \right)^{1-a} \right] y_c(1) = t\bar{x}_A
$$

および

$$
t\bar{x}_M = \left\{ 1 - \left[\frac{H}{H+(\gamma\mu+1-\mu)t} \right]^{1-a} \right\} y_c(\gamma)
$$

$$
+ \left\{ \left[\frac{H}{H+(\gamma\mu+1-\mu)t} \right]^{1-a} - \left(\frac{H}{H+t} \right)^{1-a} \right\} y_m(\gamma)
$$

$$
< \left\{ 1 - \left[\frac{H}{H+(\gamma\mu+1-\mu)t} \right]^{1-a} \right\} y_c(\gamma)
$$

$$
+ \left\{ \left[\frac{H}{H+(\gamma\mu+1-\mu)t} \right]^{1-a} - \left(\frac{H}{H+t} \right)^{1-a} \right\} y_c(\gamma)
$$

$$
= \left[1 - \left(\frac{H}{H+t} \right)^{1-a} \right] y_c(\gamma)
$$

$$< \left[1 - \left(\frac{H}{H+t} \right)^{1-a} \right] y_c(1) = t \bar{x}_A$$

のような関係を導くことができる.

ここで,地代総額 (TLR) を計算すると,以下のようになる.

$$TLR_A = H \int_0^{\bar{x}_A} \Phi_{cc}(x, 1) dx$$

$$= \frac{(H+t)(1-a)}{t(2-a)} \left[1 - \left(\frac{H}{H+t} \right)^{2-a} \right] y_c(1),$$

$$TLR_O = H \int_0^{\tilde{x}_O} \Phi_{mm}(x, 0) dx + H \int_{\tilde{x}_O}^{\bar{x}_O} \Phi_{cc}(x, 0) dx$$

$$= \frac{H(1-a)}{t(2-a)} \left[\left(y_c(0) + \frac{\mu t}{H + (1-\mu)t} y_m(0) \right) \left[\frac{H + (1-\mu)t}{H} \right] \right.$$

$$- y_c(0) \left[\frac{H}{H + (1-\mu)t} \right]^{1-a}$$

$$\left. + y_m(0) \left\{ \left[\frac{H}{H + (1-\mu)t} \right]^{1-a} - \left(\frac{H}{H+t} \right)^{1-a} \right\} \right],$$

$$TLR_M = H \int_0^{\tilde{x}_M} \Phi_{mm}(x, \gamma; \alpha_l) dx + H \int_{\tilde{x}_M}^{\bar{x}_M} \Phi_{cc}(x, \gamma) dx$$

$$= \frac{H(1-a)}{t(2-a)} \left[\left(y_c(\gamma) + \frac{\mu(1-\gamma)t}{H + (\gamma\mu + 1 - \mu)t} y_m(\gamma) \right) \right.$$

$$\times \left[\frac{H + (\gamma\mu + 1 - \mu)t}{H} \right] - y_c(\gamma) \left[\frac{H}{H + (\gamma\mu + 1 - \mu)t} \right]^{1-a}$$

$$\left. + y_m(\gamma) \left\{ \left[\frac{H}{H + (\gamma\mu + 1 - \mu)t} \right]^{1-a} - \left(\frac{H}{H+t} \right)^{1-a} \right\} \right].$$

以上の結果を使って地代総額を比較すると，次のようになる．

$$
\begin{aligned}
TLR_O <& \frac{H(1-a)}{t(2-a)}\left[\left(y_c(0)+\frac{\mu t}{H+(1-\mu)t}y_c(0)\right)\left[\frac{H+(1-\mu)t}{H}\right]\right.\\
& -y_c(0)\left[\frac{H}{H+(1-\mu)t}\right]^{1-a}\\
& \left.+y_c(0)\left\{\left[\frac{H}{H+(1-\mu)t}\right]^{1-a}-\left(\frac{H}{H+t}\right)^{1-a}\right\}\right]\\
=& \frac{(H+t)(1-a)}{t(2-a)}\left[1-\left(\frac{H}{H+t}\right)^{2-a}\right]y_c(0)\\
<& \frac{(H+t)(1-a)}{t(2-a)}\left[1-\left(\frac{H}{H+t}\right)^{2-a}\right]y_c(1)=TLR_A,
\end{aligned}
$$

$$
\begin{aligned}
TLR_M <& \frac{H(1-a)}{t(2-a)}\left[\left(y_c(\gamma)+\frac{\mu(1-\gamma)t}{H+(\gamma\mu+1-\mu)t}y_c(\gamma)\right)\right.\\
& \times\left[\frac{H+(\gamma\mu+1-\mu)t}{H}\right]-y_c(\gamma)\left[\frac{H}{H+(\gamma\mu+1-\mu)t}\right]^{1-a}\\
& \left.+y_c(\gamma)\left\{\left[\frac{H}{H+(\gamma\mu+1-\mu)t}\right]^{1-a}-\left(\frac{H}{H+t}\right)^{1-a}\right\}\right]\\
=& \frac{(H+t)(1-a)}{t(2-a)}\left[1-\left(\frac{H}{H+t}\right)^{2-a}\right]y_c(\gamma)\\
<& \frac{(H+t)(1-a)}{t(2-a)}\left[1-\left(\frac{H}{H+t}\right)^{2-a}\right]y_c(1)=TLR_A.
\end{aligned}
$$

補論 B．3章の都市均衡における内生変数の値

$\bar{x}$ を都市の端の位置とすると，市場地代は次のように得られる.

$$R(x,\lambda) = \begin{cases} \Phi_{mm}(x,\lambda;\alpha_k) & \text{if } x \in [0,\tilde{x}] \\ \Phi_{cc}(x,\lambda)\ (= \Phi_{mc}(x,\lambda;\alpha_k)) & \text{if } x \in (\tilde{x},\bar{x}] \\ 1 & \text{if } x \in (\bar{x},\infty) \end{cases}.$$

$\bar{x}$ に立地したとしたときの多数派の人の効用水準は

$$V_{cc}(\lambda) = \ln(y_c(\lambda) - t\bar{x}) - \delta \ln D_{cc}(\lambda) + \sigma \ln \left[\frac{y_c(\lambda)}{\overline{y}(\lambda)} \right]$$

のようになる．これを (3.12) 式に代入して，多数派の人の付け値地代を得ることができる．

$$\Phi_{cc}(x,\lambda) = \left(\frac{y_c(\lambda) - tx}{y_c(\lambda) - t\bar{x}} \right)^{1/(1-a)}.$$

社会的に統合された少数派の人の付け値地代も同様にして得ることができる．

多数派の人々が住むエリアと，多数派の規範を拒否した少数派の人々が住むエリアの境界 $\tilde{x}$ では，両者の付け値地代が等しくなっている，つまり，$\Phi_{mm}(\tilde{x},\lambda;\alpha_k) = \Phi_{cc}(\tilde{x},\lambda)$ となる必要がある．これを用いると，多数派の規範を拒否した少数派の人々の効用水準得ることができる．

$$V_{mm}(\lambda;\alpha_k) = \alpha_k \left[\ln \left(y_m(\lambda) - t\tilde{x} \right) - (1-a)\ln \Phi_{cc}(\tilde{x},\lambda) \right] + \sigma \ln \frac{y_m(\lambda)}{\overline{y}(\lambda)}.$$

これを (3.12) 式に代入して，多数派の規範を拒否した少数派の人の付

け値地代を求めることができる.

$$\Phi_{mm}(x,\lambda;\alpha_k) = \left(\frac{y_m(\lambda)-tx}{y_m(\lambda)-t\tilde{x}}\right)^{1/(1-a)} \left(\frac{y_c(\lambda)-t\tilde{x}}{y_c(\lambda)-t\bar{x}}\right)^{1/(1-a)}.$$

(3.10) 式を使うと,住宅需要は次のように書ける.

$$h_{mm}(x,\lambda) = (1-a)\frac{(y_m(\lambda)-t\tilde{x})^{1/(1-a)}}{(y_m(\lambda)-tx)^{a/(1-a)}} \left(\frac{y_c(\lambda)-t\bar{x}}{y_c(\lambda)-t\tilde{x}}\right)^{1/(1-a)},$$

$$h_{mc}(x,\lambda) = h_{cc}(x,\lambda) = (1-a)\frac{(y_c(\lambda)-t\bar{x})^{1/(1-a)}}{(y_c(\lambda)-tx)^{a/(1-a)}}.$$

すると,人口制約 (3.14) 式は次のようになる.

$$(1-\lambda)\mu = \int_0^{\tilde{x}} \frac{H}{h_{mm}(x,\lambda)}dx, \qquad \lambda\mu+1-\mu = \int_{\tilde{x}}^{\bar{x}} \frac{H}{h_{cc}(x,\lambda)}dx.$$

これらを $\tilde{x}$ および $\bar{x}$ について解くことで,次を得る.

$$t\tilde{x} = \left\{1 - \left[\frac{H+(\lambda\mu+1-\mu)t}{H+t}\right]^{1-a}\right\}y_m(\lambda), \qquad (5.4)$$

$$t\bar{x} = y_c(\lambda) - (y_c(\lambda)-y_m(\lambda))\left[\frac{H}{H+(\lambda\mu+1-\mu)t}\right]^{1-a}$$

$$- y_m(\lambda)\left(\frac{H}{H+t}\right)^{1-a}.$$

これらを (3.11) 式に代入して,間接効用の値を導出できる.

$$V_{mm}(\lambda;\alpha_k) = \alpha_k\left[\ln(y_m(\lambda)-t\tilde{x}) - \ln\frac{y_c(\lambda)-t\tilde{x}}{y_c(\lambda)-t\bar{x}}\right] + \sigma\ln\frac{y_m(\lambda)}{\overline{y}(\lambda)}, \quad (5.5)$$

$$V_{mc}(\lambda;\alpha_k) = \alpha_k\ln(y_c(\lambda)-t\bar{x}) - \delta\ln D_{mc}(\lambda) + \sigma\ln\frac{y_c(\lambda)}{\overline{y}(\lambda)},$$

$$V_{cc}(\lambda) = \ln(y_c(\lambda)-t\bar{x}) - \delta\ln D_{cc}(\lambda) + \sigma\ln\frac{y_c(\lambda)}{\overline{y}(\lambda)}.$$

補論 C. 4 章の補題や命題の証明

補題 14 の証明: $\Theta_i \lambda_j \mu_j N / d\left(\lambda_j \mu_j N\right)$ の分子,分母両方とも λ_j が 0 に近づくにつれて 0 に近づくため, L'Hôpital's rule を用いて,

$$\lim_{\lambda_j \to 0} \Psi_i = \lim_{\lambda_j \to 0} \frac{\Theta_i \mu_j N}{d'\left(\lambda_j \mu_j N\right) \mu_j N} = \frac{\Theta_i}{d'(0)} > 0$$

を得る.また,$\lambda_j = 1$ を (4.3) 式に代入して,次を得る.

$$\Psi_i|_{\lambda_j=1} = \frac{\Theta_i \mu_j N}{d\left(\mu_j N\right)} > 0.$$

Ψ_i を λ_j について微分すると,次のようになる.

$$\frac{\partial \Psi_i}{\partial \lambda_j} = \frac{\Theta_i \mu_j N}{d\left(\lambda_j \mu_j N\right)^2} \left(d\left(\lambda_j \mu_j N\right) - \lambda_j \mu_j N d'\left(\lambda_j \mu_j N\right)\right). \tag{5.6}$$

これより, $d'(\cdot) > 0$ および $d(0) = 0$ と併せて考えると,

$$d\left(\lambda_j \mu_j N\right) - \lambda_j \mu_j N d'\left(\lambda_j \mu_j N\right) < 0 \quad \text{if} \quad d''(\cdot) > 0,$$

$$d\left(\lambda_j \mu_j N\right) - \lambda_j \mu_j N d'\left(\lambda_j \mu_j N\right) = 0 \quad \text{if} \quad d''(\cdot) = 0,$$

$$d\left(\lambda_j \mu_j N\right) - \lambda_j \mu_j N d'\left(\lambda_j \mu_j N\right) > 0 \quad \text{if} \quad d''(\cdot) < 0,$$

を得る.

∎

命題 16 の証明: (4.3) 式を N について微分すると,

$$\frac{\partial \lambda_i^*}{\partial N} = \frac{1}{|A|} \left(\frac{\partial \Psi_i}{\partial N} + \frac{\partial \Psi_j}{\partial N} \frac{\partial \Psi_i}{\partial \lambda_j}\right)$$

のようになる．ここで，行列 A は次のように与えられる．

$$A \equiv \begin{pmatrix} 1 & \frac{\partial \Psi_c}{\partial \lambda_m} \\ \frac{\partial \Psi_m}{\partial \lambda_c} & 1 \end{pmatrix}.$$

A の行列式が

$$|A| = 1 - \frac{\partial \Psi_c}{\partial \lambda_m} \frac{\partial \Psi_m}{\partial \lambda_c}$$

のようになること，および安定性の条件 (4.5) 式より，$|A| > 0$ であることがわかる．そのため，(5.6) 式及び (4.6) 式より，限界費用逓減の場合には $\partial \lambda_i^* / \partial N > 0$, $\forall i$ となることがわかる．限界費用逓増の場合は次のようになる．仮に $\partial \lambda_c^* / \partial N \geq 0$ であると仮定しよう．すると，

$$0 > -\frac{\partial \Psi_c / \partial N}{\partial \Psi_m / \partial N} \geq \frac{\partial \Psi_c}{\partial \lambda_m}$$

である．これは安定性条件 (4.5) 式と併せて，

$$1 > \frac{\partial \Psi_c}{\partial \lambda_m} \frac{\partial \Psi_m}{\partial \lambda_c} \geq -\frac{\partial \Psi_c / \partial N}{\partial \Psi_m / \partial N} \frac{\partial \Psi_m}{\partial \lambda_c}$$

を意味するため，

$$\frac{\partial \Psi_m}{\partial N} < -\frac{\partial \Psi_c}{\partial N} \frac{\partial \Psi_m}{\partial \lambda_c}$$

となり，$\partial \lambda_m^* / \partial N < 0$ となる．もし仮に $\partial \lambda_c^* / \partial N < 0$ とすると，$\partial \lambda_m^* / \partial N \geq 0$ と $\partial \lambda_m^* / \partial N < 0$ の両方の可能性がある．最後に，限界費用一定の場合は簡単な計算で $\partial \lambda_i^* / \partial N = 0$, $\forall i$ となることを確認できる．

命題 17 の証明： (4.3) 式を μ_m について微分すると，

$$\frac{\partial \lambda_i^*}{\partial \mu_m} = \frac{1}{|A|}\left(\frac{\partial \Psi_i}{\partial \mu_m} + \frac{\partial \Psi_j}{\partial \mu_m}\frac{\partial \Psi_i}{\partial \lambda_j}\right)$$

となる．限界費用逓増の場合，

$$\frac{\partial \Psi_c}{\partial \mu_m} < 0, \frac{\partial \Psi_m}{\partial \mu_m} > 0, \frac{\partial \Psi_c}{\partial \lambda_m} < 0, \frac{\partial \Psi_m}{\partial \lambda_c} < 0$$

であるため，$\partial \lambda_c^*/\partial \mu_m < 0$ および $\partial \lambda_m^*/\partial \mu_m > 0$ を得る．限界費用逓減の場合，

$$\frac{\partial \Psi_c}{\partial \mu_m} > 0, \frac{\partial \Psi_m}{\partial \mu_m} < 0, \frac{\partial \Psi_c}{\partial \lambda_m} > 0, \frac{\partial \Psi_m}{\partial \lambda_c} > 0$$

となるため，符号は確定しない．また，明らかに，限界費用一定の場合，$\partial \lambda_i^*/\partial \mu_m = 0$，$\forall i$ となる．

∎

命題 19 の証明： W を λ_{ik} について微分して，均衡で評価すると，

$$\left.\frac{\partial W}{\partial \lambda_{ik}}\right|_{\text{equilibrium}} = \frac{\rho_{ik}}{2\lambda_i^*}\sum_{k\in\{s,u\}}\lambda_{jk}^{*2}\rho_{jk}\tau_{jk}\mu_j\left(2d(\lambda_i^*\mu_i N)\right. \tag{5.7}$$

$$\left. -\lambda_i^*\mu_i N d'(\lambda_i^*\mu_i N)\right)$$

のようになる．そのため，限界費用逓減および一定の場合には

$$\left.\frac{\partial W}{\partial \lambda_{ik}}\right|_{\text{equilibrium}} > 0$$

となり，限界費用逓増の場合には $d\left(\lambda_i^*\mu_i N\right) - \lambda_i^*\mu_i N d'\left(\lambda_i^*\mu_i N\right) < 0$ であるため，符号は確定しない．

∎

補題 20 の証明： $d(\cdot)$ を $d(z) = z^{\alpha}$, $\alpha > 1$ のように特定化すると，

$$2d(\lambda_i^* \mu_i N) - \lambda_i^* \mu_i N d'(\lambda_i^* \mu_i N) = (2 - \alpha)(\lambda_i^* \mu_i N)^{\alpha}$$

となるため，(5.7) 式と併せることで補題を得る.

∎